USA SÜDWESTEN

»Nein, Wildnis ist kein Luxus, sondern ein notwendiger
Teil des menschlichen Geistes, so wichtig für unser Leben
wie Wasser und gutes Brot. Eine Zivilisation, die den
kleinen Rest von Wildnis zerstört, das Übriggebliebene,
Originale, schneidet sich selbst von ihren Ursrpüngen ab,
verrät das Hauptsächliche eben dieser Zivilisation.«

(Edward Abbey)

USA SÜDWESTEN

Bilder vom
Fotografenteam der
Agentur LOOK
Texte von
Monika Schlitzer

Stürtz LOOK

INHALT

Seite
6

Der Südwesten - Sehnsuchtslandschaften

Mehrere Generationen von
Westernfilmen, Roadmovies
und Songs haben diese
Region zum Mythos erhoben.
Seite 28: Special »Indianer«

Wüstenlandschaft im
Monument Valley.

Die Canyons des Colorado Plateaus

Seite
34

Die großartigste Canyon-Landschaft
der Welt offenbart mit dem
Grand Canyon ein einzigartiges
Schaubild der Erdgeschichte.
Seite 62: Special »Die Stadt der
Mormonen - Salt Lake City«

Mountain-Biker im
Arches National Park,
Utah.

Die Desert States - Nevada und Arizona

Kinobilder werden Wirklichkeit:
endlose schnurgerade Straßen, die sich
im Flimmern der Hitze verlieren,
flache ausgedörrte Weite unter einem
unerbittlichen blauen Himmel.

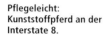

Pflegeleicht:
Kunststoffpferd an der
Interstate 8.

Das Land um den Rio Grande

Im Land der Pueblo-
Indianer ist der Rio Grande
die Lebensader, Grund
genug für die Siedler sich
hier niederzulassen.

Hunderte von Ballonpiloten
kommen jedes Jahr im
Oktober zur Balloon Fiesta
nach Albuquerque, New Mexico.

DER SÜDWESTEN –
SEHNSUCHTS-
LANDSCHAFTEN

er Ruf »Go West« galt für Generationen von Einwanderern den Landschaften im Südwesten der USA: Eroberer, Pioniere, religiös Verfolgte, Goldsucher, Abenteurer aller Art - und die neue Gattung des Freizeitabenteurers - sahen und sehen hier ein Stück des amerikanischen Traums verwirklicht. Die weiten, spärlich besiedelten Regionen versprechen Freiheit und die Verwirklichung eigener Vorstellungen und Träume. Wo die Staaten immer großflächiger, deren Grenzen immer geradliniger und das Klima immer heißer und trockener wird, befindet sich die weltweit größte Dichte von Naturwundern und spektakulären geologischen Phänomenen. In den USA wurde diese Region durch mehrere Generationen

von Westernfilmen, Roadmovies und Songs zum Mythos erhoben.

Noch Anfang dieses Jahrhunderts waren, von wenigen Städten abgesehen, diese größtenteils von lebensfeindlichen Wüsten bedeckten Regionen der USA kaum erschlossen. Für einen Mitteleuropäer ist es eine neue Erfahrung, daß die meisten auf der Straßenkarte verzeichneten Orte nur aus einer modernen riesigen Tankstelle mit Lebensmittelabteilung, zwei Motels sowie einigen verstreuten Häusern und Trailern bestehen. Bis zur nächsten, auch nicht größeren Ortschaft ist man rund eine dreiviertel Stunde unterwegs.

Mehr als 350 rätselhafte Bildmotive ritzten Indianer im Laufe von 3000 Jahren in den Newspaper Rock in Utah. In der Sprache der Navajo heißt er Tse Hane, »Fels, der eine Geschichte erzählt«.

Der Südwesten der USA ist geprägt von den »desert states« Arizona, New Mexico, Nevada und Utah, gelegentlich wird auch der waldreiche Rocky-Mountain-Staat Colorado dazugezählt, wo für viele eine Rundreise durch den amerikanischen Südwesten beginnt. Doch was für Europäer den Reiz und die Essenz dieser meistbereisten Region der USA ausmacht, was seit Beginn dieses Jahrhunderts viele amerikanische Künstler angezogen hat, sind die »empty landscapes« der Wüstenstaaten, das andere Amerika. Auch heute ist der Südwesten, von einigen Ballungsräumen abgesehen, wesentlich dünner besiedelt als die Küstenbereiche im Osten und Westen oder der fruchtbare Cornbelt im Mittleren Westen. Die wirtschaftlichen Möglichkeiten, das Klima und die Schönheit des Landes ziehen jedoch immer mehr Menschen an. Während ungefähr 15.000 Jahre lang die Umwelt den Menschen bestimmte, hat in den vergangenen 150 Jahren der Mensch die Natur zunehmend nach seinen

Die ausgedehnteste Wüstenregion, die Sonorawüste, ist fast so groß wie die Bundesrepublik Deutschland und erstreckt sich von Arizona bis Mexiko.

Seite 6/7:
Inbegriff des Südwestens: das Monument Valley.

Bedürfnissen geformt - um den Preis, daß die natürliche Schönheit des Landes gefährdet und zerstört wird.

Inzwischen ist es in den USA Mode geworden, die Geschichte des Landes nicht erst mit der Landung der Mayflower beginnen zu lassen und die eigenen Wurzeln in Europa zu suchen. Gerade im Südwesten, wo nach (und trotz) der Entstehung des Weißen Amerika alte Indianerkulturen weiterexistieren, werden die Spuren dieser eigenen Geschichte aufgespürt. Bezeichnenderweise gilt jedoch alles, was vor dem 15. Jahrhundert stattfand, als »prehistoric«.

Die Siedler verschiedener Kulturen haben im Südwesten ihre Spuren hinterlassen. Anasazi-Ruine im Chaco Canyon, New Mexico, stammt aus dem 11. Jahrhundert.

Mammutjäger in Amerika

Zu den ältesten Spuren menschlichen Lebens zählt eine 10.000 Jahre alte Pfeilspitze, die ein Kuhhirte bei Folsom in New Mexico gefunden hat, ein Beweis, daß das Land zu jener Zeit von Mammutjägern bewohnt war. Die ersten Einwanderer nach Nordamerika waren vermutlich vor etwa 14.000 Jahren über die Beringstraße gekommen. Frühe Spuren von Ackerbau datieren zwar aus der Zeit von 2000 - 500 v. Chr., doch erst um 500 - 900 n. Chr. entstanden die ersten festen Siedlungen der Anasazi - der ersten Indianer, die hier als Jäger, Sammler und Bauern lebten; vermutlich waren sie mit den Indianern Mittelamerikas verwandt. Zwischen 1000 und 1300 erreichte die Anasazi-Kultur ihren Höhepunkt. Im Chaco Canyon, Canyon de Chelly und in Mesa Verde entstanden große Pueblos. Zu jener Zeit war der Südwesten großen Klimaschwankungen unterworfen. Immer größere Teile des weiten Graslandes wurden zu Wüsten.

Die spanische Missionskirche in Pecos bei Santa Fe hatten Franziskanermönche im Jahr 1625 errichtet und wurde bereits 1680 in der Pueblo Revolte zerstört.

Estévan, ein maurischer Sklave des Vizekönigs von Mexiko, war einer der ersten Nichtindianer im Südwesten. Er gehörte zur Besatzung des Expeditionsschiffes Panfilo de Varvaez', das auf der Suche nach Reichtümern der Neuen Welt 1513 im Golf von Mexiko gestrandet war. Die Überlebenden hatten sich westwärts bis ins Königreich Neuspanien durchgeschlagen und waren dabei durch das Gebiet der Pueblo-Indianer gekommen. Sie wurden überaus freundlich aufgenommen und mit Schmuck beschenkt. Ob aus Prahlerei oder aus falsch verstandenen Erzählungen der Indianer - man wird es nie erfahren - entstand die Legende von sieben Städten voller Schätze aus Gold und Silber. Die Aussicht auf solche Reichtümer ließ jedenfalls mehrere Expeditionen aufbrechen, die erste 1538 unter Führung des Franziskanermönchs Marcos de Niza. Doch statt der sagenhaften »Sieben goldenen Städte von Cibola«

Ortsnamen wie Aztec oder Montezuma Castle zeigen noch heute, daß die spanischen Eroberer die indianischen Siedlungen im Südwesten für aztekische hielten.

fanden sie ein Zuni-Dorf aus Lehmbauten und karge Wüstengebiete, eine »arida zona«, woraus später der Name Arizona wurde. Zwei Jahre später machte sich auch Don Francisco Vásquez de Coronado, ein spanischer Edelmann, mit einem Expeditionstrupp von 1350 Mann auf die Suche nach den Schätzen - ohne Erfolg. Sie drangen zwar bis zum Grand Canyon vor, aber die Naturwunder, die sie dabei entdeckten, beeindruckten sie wenig.

Doch es verging kein Jahrhundert, bis die spanische Krone das Territorium des heutigen New Mexico mit militärischer Macht beanspruchte. Europäische Siedler und vor allem Missionare kamen in die Region und begannen das Land zu unterwerfen. Die Segnungen der Kirche bedeuteten für die Pueblo-Indianer nicht nur, daß sie ihren Traditionen und Mythen entsagen mußten, ganz nebenbei waren sie auch

willkommene Arbeitskräfte beim Bau

der Missionsstationen. Der Widerstand gegen die Zwangsmissionierung und die Willkür der Spanier brach sich 1680 schließlich in der Pueblo-Revolte Bahn: Kirchen wurden niedergebrannt und die Spanier für etwa zehn Jahre aus weiten Gebieten vertrieben - der erste und einzige Sieg der Indianer über die Europäer. 1691 machte sich einer der berühmtesten Missionare, der Jesuit Eusebio Francisco Kino, auf den Weg in den Südwesten und gründete 102 Missionsstationen, die bekannteste ist San Xavier del Bac. Während manche der Pueblo-Indianer und die Hopi sich mit den Weißen arrangierten, setzten sich andere Stämme immer wieder gegen die Landansprüche der Einwanderer zur Wehr. Aber weder die amerikanische Unabhängigkeitserklärung von 1776 noch die Unabhängigkeit des Südwestens von Mexiko änderten etwas an ihrer Situation.

Die meisten Missionen waren große Anlagen. Sie bestanden in der Regel aus einer Kirche, dem Kloster, zahlreichen Läden, einer Schule und ausgedehnten Gärten.

Die strahlend weiße Missionskirche San Xavier del Bac bei Tucson, Arizona, trägt den Beinamen: »Weiße Taube der Wüste«.

Im Laufe des 19. Jahrhunderts hat sich, vor allem mit dem Goldrush ab 1849, die Grenzlinie zwischen besiedelter und unbesiedelter Welt, die Frontier, immer weiter nach Westen verschoben. Die Navajo lebten ähnlich wie die Apache von der Jagd und von Beutezügen, letztere galten sowohl den Pueblo-Indianern als auch den weißen Siedlern. Nach mehreren Friedensverträgen mit der amerikanischen Regierung, die das Papier nicht wert waren, auf dem sie unterschrieben wurden, bezwang 1864 die US-Armee unter Colonel Kit Carson die Navajo. Er inszenierte einen brutalen Überfall, in dem die

Herden und die Ernte vollständig vernichtet wurden, um dann die ihrer Lebensgrundlage beraubten Navajo zum »Langen Marsch« ins fast 500 Kilometer entfernte Reservat »Bosque Redondo« zu zwingen. Die 6600 Menschen erwartete aber nicht das versprochene fruchtbare Land, sondern karges Wüstengebiet. Bis auf Druck der Öffentlichkeit die Navajo schließlich ihr angestammtes Land als Reservat zugewiesen bekamen, waren viele von ihnen an Krankheiten und Unterernährung gestorben.

Der Guerillakrieg von Geronimo

Das Siegel der Navajo.

Die Apache hatten es dagegen, wie weiter östlich in den Great Plains die Comanchen, geschafft, sich den Weißen zu entziehen. Sie führten einen unerbittlichen Guerillakrieg gegen Siedler und Armee und verschanzten sich in den Canyons. Erst nach der letzten Niederlage des gefährlichsten der Apache-Häuptlinge, Geronimo, 1886 und seiner Verbannung nach Florida, war unter Häuptling Cochise - dem Vorbild für Karl Mays Winnetou - Frieden möglich. Diese Zeit der grausamen Auseinandersetzungen, aber auch der Möglichkeiten der Koexistenz von Indianern und Weißen wird in Willa Cathers Roman »Der Tod holt den Erzbischof« lebendig. Sie schildert das Leben des französischen Erzbischofs Lamy, im Roman trägt er den Namen Jean Marie Latour, der von 1851 bis zu seinem Tod 1888 Erzbischof von Santa Fe und damit für eine Kirchenprovinz verantwortlich war, die das heutige New Mexico, Arizona, große Teile von Colorado, Utah und Nevada umfaßte.

In den Holzhäusern der einstigen Bergbaustadt Madrid in New Mexico leben heute überwiegend Künstler und Kunsthandwerker.

Ab 1850 wurden überall im Südwesten Forts errichtet. Das Land wurde vermessen und Eisenbahnlinien gebaut. Nachdem Jacob Snively 1858 am Gila River Gold entdeckt hatte, kamen, durch die Hoffnung auf Reichtümer angelockt, immer mehr Trapper, Abenteurer und Siedler ins Land. Die ersten Postkutschenlinien und der Bau der Union Pacific-Eisenbahnstrecke von Omaha nach Sacramento in Kalifornien und die Denver & Rio Grande Railway vereinfachten die Einwanderung. Viele der eilig erbauten Minenstädte mit Namen wie Quarzite, Rhyolite, Gold Hill oder Silver City wurden bereits nach wenigen Jahren enttäuscht wieder aufgegeben oder zumindest von der Mehrzahl ihrer Bewohner verlassen, weil die Bodenschätze schnell erschöpft waren. Die große Zahl der Ghosttowns vor allem in Utah und Nevada erinnert an die einstmals hochfliegenden Hoffnungen. Dies ist

Das Pueblo Acoma wird wegen seiner Lage auf einem 1100 Meter hohen Tafelberg auch Sky City genannt.

auch die Zeit der großen Forschungsreisen. Immer wieder begegnen uns die Namen einiger Pioniere

im Namen der Wissenschaft: John Wesley Powell,

der 1869 den bis dahin unerforschten Grand Canyon auf dem Colorado durchquerte, legte bei weiteren Reisen und Aufenthalten den Grundstein für die topographische Erforschung des Südwestens. Der Anthropologe Adolph Bandelier entdeckte 1884 die Felsenwohnungen am Gila River und erkannte als einer der ersten die Bedeutung der Pueblo-Kultur. Nach dem Forscher John C. Frémont, der mehrere Forschungsreisen durch Utah unternahm, wurde der Fremont River und nach diesem wiederum eine prähistorische Indianerkultur benannt, die dort lebte. Der Scout und Trapper Kit Carson hatte Frémonts Expeditionen geführt.

Auf vielen Wegen kamen die Forscher, Händler und Siedler ins Land: 1792 legten die Spanier den historischen »Santa Fe Trail« zwischen Santa Fe und St. Louis in Missouri an, doch erst 1822 machte sich der erste Planwagentreck mit Handelsgütern auf den Weg von St. Louis in die Hauptstadt des Territoriums, Santa Fe. Der »Old Spanish Trail« wurde von den Mönchen Pater Escalante und Pater Dominguez begründet. Sie suchten eine Route zwischen Santa Fe und dem Pazifik und drangen immerhin bis zur Utah-Lake-Region vor. Der Weg, den sie fanden, wurde ein Jahrhundert lang von Kaufleuten, Siedlern und Forschungsexpeditionen benutzt. Doch am stärksten mit dem Mythos des »Go West« verbunden ist die

Ein Güterzug der Santa Fe Railway in Carlsbad, New Mexico.

Route 66

– obwohl auch sie offiziell gar nicht mehr existiert. Die legendäre US 66, die einst Chicago mit Los Angeles verband, ist heute größtenteils durch die Interstate 40 ersetzt. Die Ortschaften und Städte entlang des historischen Highways pflegen nostalgisch und zum Teil auf reichlich kommerzielle Weise die Erinnerung an die Traumstraße Richtung Westen. Eine »Route 66 Association« hält die Legende weiter am Leben. 1926 war sie durch Regierungsbeschluß entstanden und verband bereits existierende Straßen, zum Teil jahrhundertealte Trails, zu einer insgesamt 2295 Meilen

Das Snow Cap Café an der Main Street von Seligman ist einer der berühmten Diner an der historischen Route 66.

langen Strecke. Entdecker, Siedler und Goldsucher waren diesen Trails voller Hoffnung gefolgt, viele von ihnen hatten ihr Leben gelassen. In der Nähe von Cuervo findet man ein Schild, das auf den »Trail of 49ers« verweist, den Weg der Goldsucher, die auf dieser Strecke 1849 nach Kalifornien zogen und eine große Wanderbewegung auslösten. Die Route 66 streift viele der großartigen Orte und Landschaften des Südwestens: Albuquerque, die Pueblos Laguna und Acoma, sie steigt auf 2182 Meter und überquert die Continental Divide, die Wasserscheide, die den Nordamerikanischen Kontinent wie ein Rückgrat durchzieht. Unzählige Trading Posts zeugen vom regen Handel mit den Indianern, alte Forts von den gewaltsamen Auseinandersetzungen mit ihnen. Einst Militärstützpunkte im neu eroberten Land, waren manche später zu Schulen umfunktioniert worden, in denen indianische Kinder, getrennt von ihren Familien und Traditionen, zwangsweise die Erziehung der Weißen genossen. Fort Wingate beispielsweise, nach dem Bürgerkrieg als Outpost erbaut, war später eine Schule für Navajo-Kinder. Die Route 66 führt auch vorbei am Shiprock, dem heiligen Felsen der Navajo, der sich weithin sichtbar wie ein riesiges Schiff aus der Ebene erhebt. Sie streift das Painted Desert mit seinen pastellfarbenen Felsen, durchquert die Navajo Indian Reservation und nähert sich einigen Hopi-Dörfern, bis sie den Little Colorado erreicht. Hier kann man ahnen, wie der Grand Canyon allmählich entstanden sein mag, aus einem kleinen Fluß, der sich mit der Zeit immer tiefer in die Felsen grub. Auch der Meteor Crater, vermutlich nicht das, was sein Name suggeriert, sondern ein Vulkankegel, liegt auf dem Weg wie die einst wichtigen Etappen Williams und Kingman, die ganz allmählich wieder in Bedeutungslosigkeit und Langeweile versinken. Schließlich führt die Route 66 nach Needles in der Mojave-Wüste, dem heißesten Ort der USA, der bereits in Kalifornien liegt, und dann weiter in Richtung Pazifik. Das Flair dieser Straße machen auch die einsamen Tankstellen, die Motels im Stil der 50er Jahre und die etwas heruntergekommenen, weil inzwischen abseits liegenden Restaurants aus. Die Straße der Sehnsucht für Biker aus aller Welt hörte am 13.10.1984 offiziell auf zu existieren. Als das letzte Teilstück der neuen Interstate fertiggestellt wurde, kam auch Bobby Troup und sang »Get your kicks on Route 66«, das Lied, das er 1946 für Nat King Cole geschrieben und komponiert hatte und mit dem er den Highway unsterblich machte.

Über 500 Meter ragt der Basaltmonolith des Shiprock in die Höhe. Der heilige Fels der Navajo im nordwestlichen New Mexico liegt in der Navajo Indian Reservation.

Kingman war wie viele Städte der Region reich an Bodenschätzen. 1981 schloß die letzte Kupfermine.

Die legendären Highways im Südwesten führen durch großartige Felsenlandschaften. Oben: Highway 12 südlich von Boulder Town, Utah. Unten: Highway 24 bei Fruita, Capitol Reef National Park, Utah.

Seite 14/15: Desert View am Südrand des Grand Canyon ist einer der zahlreichen Aussichtspunkte. Im Licht der Morgen- und Abendsonne staffeln sich die Felsen in vielfältigen Farbabstufungen bis zum Horizont.

Der State Highway 95
führt entlang des Lake
Powell. Blick auf die
Hite Marina, Utah.

17

Man muß sehr früh
aufstehen, um an den
für Autos zugänglichen
Aussichtspunkten des
Grand Canyon noch
Naturgefühl zu erleben
– Mather Point,
östlicher Südrand
(oben) und Maricopa
Point, westlicher
Südrand (unten).

Seite 18:
Der Grand Canyon,
die größte Schlucht
der Erde, macht dem
menschlichen Betrach-
ter eindrucksvoll die
eigene Winzigkeit
bewußt.

Ein tiefblauer See mitten in der Wüste: der Lake Powell mit seinen Buchten und Canyons ist ein Paradies für Freizeitkapitäne. Mit dem Boot sind auch der Secret Canyon (oben) und der Oak Canyon (Seite 21) zu erreichen.

Wer nicht zu den happy few mit eigenem Hausboot zählt, kann sich in einer der fünf Marinas ein Boot leihen.

Seite 22/23: Der Lake Powell von der Terrasse der Wahweap Lodge in der Wahweap Bay.

Der Monument Valley Tribal Park steht, im Unterschied zu den National Parks, nicht unter staatlicher Verwaltung, da er sich auf dem Territorium der Navajo Indian Reservation befindet.

Navajo bieten geführte Touren durch das Monument Valley an - in Jeeps oder stilecht zu Pferd.

Im Monument Valley
Tribal Park ist die
Zeit der Pioniere fast
noch Gegenwart.

Das Monument
Valley im ersten
Morgenlicht.

Einer der
markantesten Fels-
türme auf dem knapp
30 Kilometer langen
Parcours durch das
Monument Valley heißt
seiner Form wegen
Mitten Butte, Fäust-
ling. Namen wie
»Totempfahl«,
»Elefantenberg«,
»Großer Stuhl« oder
»Drei Schwestern«
zeigen, daß die
bizarren Monolithen
die Phantasie
der Menschen be-
schäftigen.

Die meisten Navajo
verbinden die Attribute
des US-amerikanischen
Lebensstils mit
ihren indianischen
Traditionen.
Alte Handwerkskunst
wird weitergepflegt,
und die häufig von
Frauen hergestellten
Erzeugnisse (oben
Mitte die Weberin
Emily in ihrem
Hogan) werden an
Verkaufsständen ent-
lang der Highways
feilgeboten.

Indianer

ie ältesten kontinuierlich bewohnten Orte Nordamerikas, Acoma und Oraibi, liegen im Nordosten Arizonas, genauer gesagt im heutigen Hopi-Reservat. Ihre gemauerten Wohnhäuser stammen zum Teil aus dem 12. Jahrhundert und sind noch heute von den Nachkommen derer bewohnt, die sie einst errichteten. Wesentlich abgeschiedener als die Ute, Shoshoni oder Paiute lebt der etwa 9.000 Mitglieder zählende Stamm der Hopi in der etwa hundert Quadratkilometer großen Region um die drei fingerförmigen Mesas im Nordosten Arizonas, die ihnen 1882 von der US-Regierung zugesprochen wurde. Eingeschlossen wird dieses Gebiet vom Reservat der Navajo, das etwa die Größe Bayerns hat.

Mit Entdeckung der Kohlevorkommen in den von Navajo und Hopi als heilig betrachteten Mesas und deren Ausbeutung durch die Peabody Coal Company brachen die Konflikte zwischen den beiden Stämmen erneut aus - nicht zuletzt weil die Hopi, als Besitzer des Landes, von der Peabody Coal Company im Jahr 1,5 Millionen Dollar für die Schürfrechte erhielten.

Mit etwa 200.000 Mitgliedern ist die Navajo Nation der stärkste Stamm in den USA. Ihr seit 1878 bestehendes Reservat, in dem die meisten seiner Mitglieder leben, erstreckt sich über Staatengrenzen hinweg, hat ein eigenes Verwaltungszentrum in Window Rock, eine Tribal police, eine eigene Tageszeitung, die Navajo

Post, einen Fernsehsender - und eine eigene Zeitzone: hier gehen die Uhren eine Stunde nach.

Es gibt allerdings nur wenige Städte wie Kayenta, 20 Kilometer vom »tribal park« Monument Valley entfernt, mit fast ausschließlich indianischer Einwohnerschaft. Hier bekommt auch der Reisende, der sich nicht dem Verdacht des naiven Voyeurismus aussetzen will, in Hotels, Cafés, Restaurants und im Supermarkt einen Eindruck vom Leben der

N ach dem ›langen Marsch‹ (1864) lebten nur noch wenige tausend Navajo, heute ist die Bevölkerung wieder auf 160.000 angewachsen - Tom of Ganado, Navajo-Indianer.

Die Hopi haben länger als andere Indianerstämme den selben Ort bewohnt, und bis ins 20. Jahrhundert existierten im Grand Canyon intakte Pueblos. Das Aquarell (oben) und das Foto (unten) entstanden um 1905.

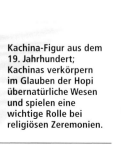

Kachina-Figur aus dem 19. Jahrhundert; Kachinas verkörpern im Glauben der Hopi übernatürliche Wesen und spielen eine wichtige Rolle bei religiösen Zeremonien.

Navajo, die sich selbst »Dine«, »das Volk«, nennen. Viele Reservate im Südwesten können besucht werden - mit der notwendigen Sensibilität.

Die traditionelle Webkunst der Navajo (links).
Bei ›Emilys Schauweben‹ im Monument Valley (rechts) werden Vorführungen für Touristen veranstaltet.

Ein Hopimann und ein Kind verkörpern bei der Powamu-Zeremonie Kachinas, übernatürliche Wesen (1893).

Religiöse Rituale der Indianer sind noch heute lebendig, doch werden sie in der Regel unter Ausschluß der Öffentlichkeit ausgeübt. Indianisches Leben zwischen US-amerikanischem Lebensstil und den alten Mythen und Traditionen beschreiben die Krimis Tony Hillermanns, die fast alle in der Four Corners Area spielen.

DIE ANASAZI

Ihr Name bedeutet »die Alten«. Die Spuren dieser direkten Vorfahren der Hopi gehören zu den erstaunlichsten menschlichen Zeugnissen im Südwesten. Funde werden auf die Zeit zwischen dem 8. und 12. Jahrhundert datiert. Besonders eindrucksvoll sind die Cliff Dwellings, unter Felsüberhänge in schwindelnder Höhe erbaute Pueblos. Die wie Bienenwaben ineinander verschachtelten Siedlungen boten zum Teil mehreren Hundert Personen Raum. Die Four Corners Area war im 13. Jahrhundert mit ungefähr 52.000 Menschen dichter besiedelt als heute.

Ein ungelöstes Rätsel ist das plötzliche Verschwinden der Anasazi. Spekuliert wird, daß eine 20 Jahre dauernde Dürre nicht nur den Ackerbau, sondern auch die Jagd unmöglich machte, denn mit der immer weiter zurückweichenden Baumgrenze verschwand auch das jagdbare Wild. Mit Ausnahme einiger Dörfer, die noch heute von Hopi und Zuni bewohnt werden, waren um 1300 die meisten Siedlungen verlassen - niemand weiß, wohin ihre Bewohner gezogen sind. Rückschlüsse auf die Lebensweise der Anasazi erlauben nicht nur die Traditionen der Zuni und Hopi, sondern auch die zahlreichen archäologischen Funde und Felszeichnungen.

Wie in einigen
anderen Städten
wird auch in Page
ein Pow-Wow Festival
mit indianischen
Tänzen veranstaltet.
Die Navajo-Mädchen
legen dann ihren
traditionellem
Schmuck an.

Zu den zahlreichen
Spuren aus prähistori-
scher Zeit in Arizona
gehört auch dieser
Fußabdruck eines
Sauriers.

Seite 30:
Die White House
Ruins, eine Anlage
von Felsenwohnungen
der Anasazi im
Canyon de Chelly,
liegt im Navajo
Reservat in Arizona.

31

»Vater Himmel und
Mutter Erde« - die
Lichtstimmungen
lassen Farben und
Formen der gewaltigen
Felsen noch drama-
tischer erscheinen -
Landscape Arch
im Arches National
Park (links), Bryce
Canyon (rechts).

DIE CANYONS DES COLORADO PLATEAUS

Die großartigste Canyon-Landschaft der Welt liegt auf einer rund 25.000 Quadratkilometer großen Hochfläche: dem Colorado Plateau. Es erstreckt sich über die vier Staaten des Südwestens, zwischen Salt Lake City im Norden, den Rockies im Osten sowie Albuquerque und Phoenix im Süden.

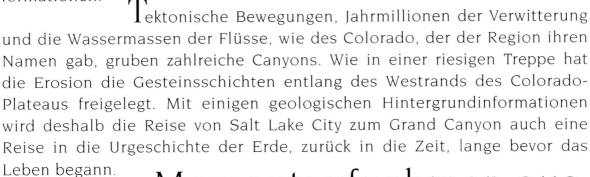

Nirgendwo auf der Erde liegt die Struktur der Erdkruste so offen zutage, ist ihre Entstehung und Tektonik so deutlich sichtbar wie hier. Als riesige Treppe, »Grand Stairase«, liegen die Gesteinsschichten entlang des Westrandes des Colorado-Plateaus bloß, die jüngeren im Norden, die ältesten im Süden. Eine Reise durch die Nationalparks von Utah nach Arizona, vom Bryce Canyon zum Grand Canyon, eröffnet somit eine Art Rückblende in die letzten 1,5 Milliarden Jahre der Erdgeschichte und gibt uns eine Ahnung davon, wie die Erosionskräfte weiterarbeiten werden. Gewaltige Plattenverschiebungen durch die Auffaltung der Rocky Mountains, Erdbeben, Vulkanausbrüche und die Erosionskräfte von Wasser, Frost und Wind formten das Plateau mit seinen einzigartigen Canyons, natürlichen Felsbrücken und bizarren Gesteinsformationen.

Das Morgenlicht läßt die Überreste erloschener Vulkane im Monument Valley erglühen.

Tektonische Bewegungen, Jahrmillionen der Verwitterung und die Wassermassen der Flüsse, wie des Colorado, der der Region ihren Namen gab, gruben zahlreiche Canyons. Wie in einer riesigen Treppe hat die Erosion die Gesteinsschichten entlang des Westrands des Colorado-Plateaus freigelegt. Mit einigen geologischen Hintergrundinformationen wird deshalb die Reise von Salt Lake City zum Grand Canyon auch eine Reise in die Urgeschichte der Erde, zurück in die Zeit, lange bevor das Leben begann.

Der Paria River und seine Zuflüsse haben in den weichen roten Stein großartige Canyons gegraben. 1984 wurde der Paria Canyon und die Vermilion Cliffs zum Naturschutzgebiet erklärt.

Seite 34/35:
Die landschaftlichen Höhepunkte der National Parks sind zwar fast alle mit dem Auto zu »erfahren«, doch ist der Eindruck intensiver, wenn man sie sich in gemächlicherem Tempo per Fahrrad oder zu Fuß aufsucht – Mountain Biker im Arches National Park.

Momentaufnahmen aus der Urzeit der Erde

Der Grand Canyon ist ein seltenes Schaubild der Erdgeschichte. Die ältesten, an seinem Grunde sichtbaren Gesteinsschichten reichen bis in die Zeit zurück, als noch Bakterien allein die Erde beherrschten. Der vor rund 2 Milliarden Jahren entstandene Vishnu-Schiefer ist der Überrest eines Gebirges, das einst das Colorado-Plateau überragte. Dieses Gebirge wurde durch Erosion abgetragen, bevor im Paläozoikum (vor etwa 570 bis 240 Millionen Jahren) das Meer vom Golf von Mexico aus wiederholt weite Teile des nordamerikanischen

Kontinents überflutete und marine Sedimente hinterließ. Beweis dafür sind versteinerte Korallen und Fossilien primitiver Meereslebewesen in Felsschichten, die der Colorado im Grand Canyon freigelegt hat. Auch die spätere explosionsartige Entwicklung immer komplexerer Lebensformen sind im Gestein dokumentiert. In den folgenden 200 Millionen Jahren, im Mesozoikum, wurde das Colorado-Plateau durch die Auffaltung der Rocky Mountains in die Höhe gedrückt, das Meer zog sich zurück, und an seiner Stelle breitete sich eine Sandwüste aus. Der durch nachfolgende Sedimentschichten zusammengepreßte Sand ist als heller Navajo-Sandstein im Zion National Park zu sehen. Spuren versteinerten Holzes, vulkanischer Asche und bunte Flußsedimente lassen Rückschlüsse auf eine Erdphase mit subtropischem Klima zu. Vor etwa 40-60 Millionen Jahren abgelagerte Sedimente sind der Stoff, aus dem die Erosion den Bryce Canyon schuf. Damals befand sich an dieser Stelle ein weites flaches Becken, das in einer Periode sintflutartiger Regenfälle und gespeist durch Flüsse und Ströme von den umliegenden Bergen herab überschwemmt wurde. Im Laufe von Jahrmillionen füllte dieser See sich mit Lehm, Schlamm und Sand, die in Verbindung mit Calciumcarbonat zu den weichen bunten Schichten von Sedimentsgestein, den Pink Cliffs, verbuken. Die Basis der bizarren Felsen bildet ein helles Gesteinsband, das wiederum aus Sedimenten des kreidezeitlichen Meeres entstand. Wie der Wald von Felsnadeln, die »hoodoos«, aus diesem Material entstanden ist, kann man sich gut vorstellen, wenn man die unterschiedlichen Erosionsstadien an den Felsen betrachtet. Durch eindringendes Regenwasser und Frost werden senkrechte Risse in den Fels gesprengt, die sich im Laufe der Zeit vergrößern. Durch Wind und Ausschwemmung werden die Felsensäulen immer weiter abgetragen. Ungewöhnlich ist allerdings, daß ihre Spitzen nicht herabfallen, sondern häufig sogar eine Art Dach über den Felsnadeln bilden. Dies ist dann der Fall, wenn die oberste

Zu den ersten Spuren menschlichen Lebens im Grand Canyon gehören kleine Figuren aus Zweigen. Ihr Alter wird auf 3000-4000 Jahre geschätzt.

Die Entstehung des Bryce Canyon: Zuerst lockerten Frost und Tauwetter die Hangoberfläche, dann gruben Wasser und Geröll erste Rinnen. Der härtere Fels blieb übrig in Form von Rippen, die durch die fortschreitende Erosion durchbrochen wurde - ein Wald von Felsnadeln war entstanden.

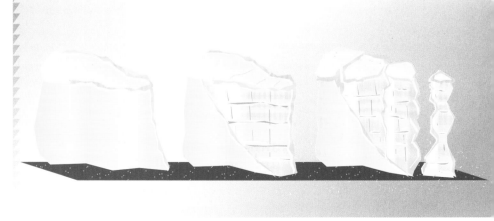

Der Balanced Rock im Arches National Park in Utah ruht nur auf einer kleinen Fläche. Eine Frage der Zeit, bis die Erosion das labile Gleichgewicht stört.

Gesteinsschicht härter ist als die darunterliegenden. Ein berühmtes Beispiel dafür ist Thor's Hammer. Die landschaftlichen Höhepunkte des Colorado Plateaus lassen sich in einer Rundreise von etwa 1500 Kilometern besuchen. Erste Etappe ist der Zion National Park, ein vom Virgin River tief eingeschnittener enger Canyon. Man durchfährt den Park in dem lieblichen, schattigen Flußtal und kann sich gut vorstellen, warum ihm die mormonischen Siedler den Namen Zion gegeben haben. Zahlreiche Wanderwege führen zu Naturwundern wie Altar of Sacrifice, East Temple, Tabernacle Dome, Three Patriarchs, deren Namen alle auf die tiefe Religiosität der Siedler schließen lassen, die seit 1863 im fruchtbaren Canyon Landwirtschaft betrieben.

Ein Wald leuchtend roter Felsnadeln säumt das wie ein Amphitheater geformte Cliff des Bryce Canyon.

Bereits 1919 wurde der Zion National Park eingerichtet und ist damit gleichzeitig einer der ältesten der USA. Wie alle anderen ist auch dieser Park perfekt für den Autotouristen erschlossen, Schilder weisen auf Besonderheiten hin, Parkplätze sind so angelegt, daß auch Fußlahme oder Phlegmatiker ohne allzu große Anstrengung das Wesentliche sehen. Doch im Visitor Center erhält man auch Informationen über die großartigen Wandermöglichkeiten, die abseits der touristischen Trampelpfade Naturerlebnis pur bedeuten. Sowohl Flora wie Fauna zeichnen sich durch großen Artenreichtum aus, da der Canyon mehrere Klimazonen umfaßt - um Koyoten oder Berglöwen zu sehen, braucht es allerdings schon ein wenig Glück und Erfahrung.

Der kleine Virgin River hat die 1.500 Meter tiefe Schlucht des Zion Canyon in den Sandstein geschnitten.

Stein gewordene Poesie - der Bryce Canyon

Immer höher windet sich die Straße, bis sie auf mehr als 2400 Metern Höhe, inmitten einer skandinavisch anmutenden Landschaft mit Nadelwald, den Eingang zum Bryce Canyon erreicht, der eigentlich gar kein Canyon ist. Die Straße führt zum knapp 30 Kilometer langen oberen Rand des wie ein Amphitheater aus Nadeln und Felszinnen geformten Cliffs, dem farbenprächtigsten der Nationalparks im Südwesten. Der Kontrast zwischen tiefgrüner Vegetation und Gestein macht seinen besonderen Reiz aus. Die grandiose Farbpalette des Bryce Canyons mit seinen zierlichen Kalksteinformationen entstand im Laufe von Jahrmillionen durch Oxidationsprozesse: Eisen, das sich im Kalkstein abgelagert hat und mit der Zeit oxidierte, brachte die gelblichen, orangenen, roten und bräunlichen Töne hervor. Die Blau- und Purpurtöne entstanden durch Manganid oder Manganoxid. Um die natürlichen Farben zum Leuchten zu bringen, gibt es nichts Schöneres als das rote Licht des Sonnenauf- und des Sonnenuntergangs oder einen Gewitterhimmel.

In schwindelnder Höhe bauten die Anasazi vor über 1000 Jahren ihre Felswohnungen im Canyon de Chelly.

Die Paiute-Indianer betrachteten die farbigen Felsskulpturen als legendäre Vorfahren, die vom mythischen »Coyote« in Stein verwandelt worden waren. Folgt man einem der Wege vom Plateaurand aus in die Tiefe, kann man sich leicht vorstellen, daß den Siedlern in diesem Felslabyrinth so manches Schaf und manche Kuh abhanden gekommen ist. Die ältesten Spuren menschlichen Lebens in dieser Region sind etwa 12.000 Jahre alt. Wir wissen, daß die Anasazi und Fremont Indianer hier lebten, die Vorfahren der Paiute, deren Heimat diese Region war, bis sie von mormonischen Siedlern verdrängt wurden. Ebenezer Bryce, der im Südwesten zahlreiche Mormonensiedlungen begründet hat, kam 1875 in das Tal des Paria River. Seine Nachbarn gaben dem Canyon hinter seinem Haus seinen Namen.

Die Route 12 über Escalante und Boulder, als Scenic Byway deklariert, führt durch eine großartige Landschaft, die es ohne Zweifel auch verdient hätte, Nationalpark zu sein. Pastellfarbene Felsmassen, wie im Fluß erstarrt, in Wellen und Falten ausgewaschen, der Duft von Macchia-Gewächsen hängt in der Luft, und in der 3000 Meter hoch gelegenen Bergetappe säumen endlose Espenwälder den Weg. Die Straße zum Capitol Reef National Park führt an gezackten Rändern roter Tafelberge vorbei in das Tal des Fremont Rivers. John Wesley Powell benannte ihn nach dem Forscher John Charles Frémont, der diese

Die großohrigen Rehe sind nicht nur im Capitol Reef National Park in Utah zu Hause. Auch in anderen Parks bekommt man die an Besucher gewöhnten Tiere aus nächster Nähe zu sehen.

Region bereits 20 Jahre vor ihm, um 1850 bereist hatte. Nach diesem Fluß schließlich benannte man den Indianerstamm, der hier etwa seit dem 7. Jahrhundert gesiedelt und Felszeichnungen hinterlassen hatte. Die Fremont Indians bauten Mais und Bohnen an und erlegten Langhornschafe, wie ihre Ritzzeichnungen zeigen. Man braucht nicht viel Phantasie, um zu verstehen, daß Butch Cassidy und andere Outlaws in den Schluchten, Spalten und Felsnischen ein ideales Versteck gefunden haben.

Der Regenbogen wetteifert mit den Farben der Felsen: Goosenecks Point im Capitol Reef National Park, Utah.

Delicate Arch - Landscape Arch

Die Mormonengründung Moab wäre trotz des Hollywood Stuntmen's Museum kaum einer Erwähnung wert, wenn sie nicht Ausgangspunkt für zwei Nationalparks wäre: Canyonlands und Arches. Mehr als 50 natürliche Steinbögen entstanden in dem Sandstein, der fest genug ist, ebenso grazile wie schwergewichtige Bögen zu halten, auch wenn darunterliegendes Gestein durch Erosionskräfte weggesprengt wurde.

Der Landscape Arch ist mit einer Spannweite von mehr als 90 Metern einer der größten Felsbögen der Welt und gehört zu den Hauptattraktionen des Arches National Park in Utah.

Steinbögen in allen Stadien machen die Entstehung nachvollziehbar. Unter großem Druck aufgefaltete Sedimente hatten ihre natürlichen Schwachstellen dort, wo sich einst parallele Falten befanden. Hier entstanden Risse, die Felsmauern voneinander trennten. Ein Loch in einer solchen Mauer war ein Anfang, aus dem sich nach und nach ein Fenster (»The Windows«) und schließlich ein Bogen bildete, der immer dünner wird, bis er schließlich einstürzt. Bilder vom Delicate Arch (dem hübschesten) und Landscape Arch (dem längsten natürlichen Steinbogen der Welt) gehören zu den Trophäen dieser Reise und gelingen am besten im Licht der Nachmittagssonne. Während der durch und durch erschlossene Arches National Park in einem halben Tag erkundet ist, ist Canyonlands Nationalpark mit seinen unterschiedlichen, zum Teil schwer zugänglichen und deshalb wenig besuchten Regionen eine mehrtägige Jeepfahrt wert. Der Island in the Sky-District im nördlichen Teil gab übrigens die grandiose Kulisse für die Schlußszene des Filmes »Thelma and Louise« ab.

Der Arches National Park ist durch eine 30 Kilometer lange asphaltierte Straße erschlossen. Zu Klondike Bluffs am nördlichen Ende führt jedoch nur noch eine Piste.

Der Delicate Arch ist fast so etwas wie ein Wahrzeichen des Arches National Parks geworden.

John Ford's Country - Monument Valley

Fährt man die sanft abfallende Straße auf das Monument Valley zu und wird der rötlichen Tafelberge in der Ebene ansichtig, dann fühlt man sich vielleicht doch ein wenig ertappt: denn hier ist es, das Cliché vom Südwesten, das man gesucht hat. Dieser

Blick: man kennt ihn aus Western und zahllosen Werbekampagnen. Das Monument Valley ist kein US-Nationalpark, sondern ein unter Navajo-Verwaltung stehender Tribal Park. Eine staubige 23 Kilometer lange Piste führt an flachen Vulkankegeln vorbei, die von der Erosion bis auf ihren harten Kern abgeschliffen wurden. Jede Wegbiegung bietet neue, pittoreske Perspektiven - sicherlich, man könnte auch wandern, aber auf eine solche Idee kommt hier eigentlich niemand. Goulding's Trading Post, einige Meilen westlich des Parks, beherbergte seit John Ford zahlreiche Filmcrews. Als Harry Goulding 1924 mit seiner Frau in diese Gegend zog, hatte er die Absicht, einen Trading Post für den Handel mit den Navajo zu eröffnen. Es entwickelte sich freilich alles anders, nachdem er John Ford in den dreißiger Jahren überredet hatte, seinen Film »Stagecoach« hier zu drehen. Bis in die sechziger Jahre war Goulding's Lodge der Stützpunkt für Fords Filmteams, deren Drehgebühren zusammen mit den Einnahmen aus dem wachsenden Tourismus die Lebensgrundlage der Navajo sicherten.

Im Monument Valley sieht man auch Hogans, traditionelle Navajo-Häuser. Einige können bei geführten Touren besichtigt werden.

Grand Canyon

Einer der Höhepunkte einer Reise durch den Südwesten ist ohne jeden Zweifel der Grand Canyon, den der Colorado 1600 Meter tief in das Plateau gegraben hat. Die meisten Besucher steuern den Südrand (South Rim) des Canyons an, der den attraktiveren Blick über die zerklüfteten Felskegel im Inneren der 16 Kilometer weiten Schlucht und eine wohl organisierte touristische Infrastruktur bietet. Die Kehrseite ist, daß der South Rim fürchterlich überlaufen ist - von unmittelbarem Naturerlebnis kann angesichts der Parkplatznöte, Registrierungsformalitäten und der nötigen Vorsicht vor Fahrzeugen aller Art kaum mehr die Rede sein. Beeindruckend bleiben dennoch die gigantischen Dimensionen dieser Landschaft. Mit etwas Phantasie können wir uns jedoch das ehrfürchtige Staunen der Mitglieder von Coronados Expedition vorstellen, die im Jahr 1540 als erste Weiße den riesigen Spalt in der Erde erblickten. Hopi-Indianer hatten die Gruppe dorthin geführt. Ihre Vorfahren, die Anasazi, betrieben vor etwa 900 Jahren das ganze Jahr über Ackerbau auf mehreren Ebenen der Schlucht, indem sie geschickt die klimatischen Verhältnisse der verschiedenen

Die größte und schönste Schlucht der Erde: Blick vom Südrand zum Nordrand des Grand Canyon.

Am eindrucksvollsten ist der Wasserfall des Little Colorado 50 Kilometer nordöstlich von Flagstaff im März und April.

Höhenzonen nutzten. Die Oase Indian Gardens, auf halbem Wege des meist bewanderten Pfades in den Canyon, des Bright Angel Trail, war eines jener Felder, wie der Name zeigt. Funde von 4000 Jahre alten, aus Zweigen hergestellten Tier- und Menschenfigürchen beweisen allerdings, daß der Grand Canyon bereits seit prähistorischer Zeit besiedelt war. Erst 1858 begann die wissenschaftliche Erforschung des Grand Canyons mit der Expedition Leutnant Ives, der in seinem Bericht formulierte: »Wir sind sicherlich die erste und die letzte Gruppe von Weißen, die diese unwirtliche Gegend besuchen.« Welch ein Irrtum. Bereits 1869 brach John Wesley Powell, ein Bürgerkriegsveteran, mit acht Begleitern zu einer 84 Tage dauernden Flußfahrt durch den Canyon auf. Sie ließen sich auf ein gefährliches Abenteuer ein, denn niemand hatte vor ihnen den Strom erkundet, sie wußten nicht, wo gefährliche Stromschnellen drohten, ob der Wasserlauf durch Felsen versperrt oder tiefe Wasserfälle ihr Leben gefährden würden. Will man heute dieses Abenteuer nacherleben, so bieten verschiedene Unternehmen ein- und mehrtägige Floßfahrten an. Für Privatleute betragen die Wartezeiten allerdings inzwischen neun Jahre. Mit dem Bau der Santa-Fe-Eisenbahnlinie von Williams zum Grand Canyon im Jahr 1901 schlug die Geburtsstunde des Tourismus. 1905 entstand das Hotel El Tovar, dessen rustikaler Luxus im Westernstil auch neunzig Jahre später noch sehr gut ankommt. Seit der Grand Canyon jedoch 1908 von Roosevelt zum National Monument erhoben und 1919 zum Nationalpark wurde, wuchs ein regelrechtes Dorf mit Hotels, Restaurants, Visitor Center und Busstationen in der Nähe des Bahnhofs heran. Seine Attraktivität wird dem Naturwunder jedoch allmählich zum Verhängnis. Zwischen 1984 und 1996 kletterte die Zahl der Parkbesucher von zwei auf rund 5 Millionen pro Jahr. In der Hochsaison stauen sich die Autos kilometerweit vor der Hauptzufahrt zum South Rim. Die Hotels, Loghütten und Campingplätze im Park sind bis zu zwei Jahre im voraus ausgebucht, und in den Restaurants und Cafeterien ist rund um die Uhr das Gedränge groß, trotz professioneller Kanalisierung der Besucherströme durch die Parkverwaltung und die Rangers. Abgase verschleiern die Sicht auf den Canyon, Fluglärm

John Wesley Powell war Mitbegründer der National Geographic Society und setzte sich als Direktor des Ministeriums für Völkerkunde für die Rechte der Indianer ein.

Der Colorado hat sich im Laufe der Jahrtausende mehr als 1200 Meter tief in den Fels gegraben.

Mulis sind noch immer das einzig mögliche Transportmittel, um Lasten den South Kaibab Trail hinunter in den Canyon zu befördern.

stört die Stille: 43 Anbieter bringen es in der Sommersaison auf monatlich etwa 10.000 Flüge. Die Parkverwaltung versucht Gegenmaßnahmen durchzusetzen wie etwa das kostenlose Angebot von Pendelbussen am Südrand entlang sowie die Einschränkung des Flugverkehrs. Man denkt sogar darüber nach, die Straßen am South Rim für den Privatverkehr ganz zu sperren und die Besucher von Parkplätzen an den Parkeingängen mit einer Flotte von Bussen in den Canyon zu bringen.

Wer in dem rund 500.000 Hektar großen Park, dem schönsten Teil des 450 Kilometer langen Canyons, wirklich die Nähe zur Natur sucht, ist an seinem schwerer zugänglichen 300 Meter höher gelegenen Nordrand besser aufgehoben. Wanderwege führen auch hier ins Innere des Canyons, nur konkurriert man nicht mit den Mulikarawanen, deren Hinterlassenschaften in der Hitze zuweilen doch etwas streng riechen. Für Trainierte ist die 38 Kilometer lange Wanderung durch den Canyon hindurch, den North Kaibab Trail hinunter und den Bright Angel Trail am Südrand wieder hinauf, in zwei Tagen zu schaffen. Die Übernachtung am Canyongrund, am Colorado, muß allerdings lange im voraus gebucht werden. Aber auch eine Übernachtung am Rande dieses riesigen Abgrunds lohnt sich, denn nirgendwo ist man den Sternen so nah: Die Nacht ist schwarz, kein Streulicht überstrahlt das Funkeln der Milchstraße.

Der Canyon del Muerto ist Teil des Canyon de Chelly National Monument. Seinen Namen verdankt er den Grabstätten, die hier gefunden wurden.

Oben:
Cowboy Camp an
der Hole-in-the-Rock
Road, einer Straße
die bereits von den
Pionieren angelegt
wurde.

Unten:
Vom Gooseneck
Overlook am White
Rim Trail im Canyon-
lands National Park
hat man den besten
Ausblick auf kurven-
reichen Lauf des
Flusses.

Seite 44/45:
Cedar Breaks
National Monument -
ein in vielen Farben
schimmerndes natür-
liches Amphitheater.

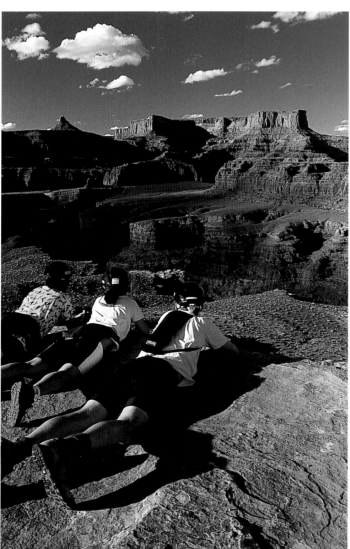

46

Oben Mitte:
Bei Temperaturen
bis über 40°C bedarf
eine Wanderungen
besonderer Vorberei-
tungen, auf einen aus-
reichenden Trinkwas-
servorrat ist zu achten.

Oben rechts:
Klondyke Bluffs,
Arches National Park.

Unten:
Big Bend, die große
Schleife des Colorado
am Lake Powell - das
Panorama eröffnet
sich nur dem Mutigen.

Seite 48/49:
Blick vom Dead
Horse Point westlich
von Moab auf die
zerklüfteten Felsland-
schaften um den
»Gänsehals«, den
Gooseneck, des
Colorado.

Rafting.
Der Colorado ist das
Traumziel aller Wild-
wasserfahrer. An kaum
einem anderen Ort
dieser Welt schießt
man vor solch atem-
beraubender Kulisse
durch die Strom-
schnellen.

S. 52/53
Monument Valley,
von den Navajo »Land
des schlafenden Regen-
bogens« genannt, war
die Bühne zahlloser
Westernfilme.

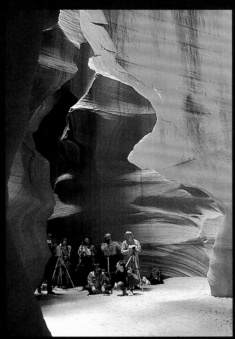

Der Antelope Canyon
bei Page ist einer der
schönsten Canyons
des Südwestens -
Wind und Wasser
haben diese Mäander
über Jahrtausende in
den pastellfarbenen
Sandstein geschliffen.

Grandiose Perspektiven vom Aussichtspunkt Cape Royal - über 350 Kilometer ziehen sich die Schluchten des Grand Canyon durch Arizona.

Hitze, Kälte, Wind
und Wasser sind
die Baumeister dieser
Landschaften.

Hintergrund:
Die Felsen des
Goblin Valley in
Utah erinnern
tatsächlich an ein
Zwergenvolk.

Lake Mead, einer
der vielen Stauseen
des Colorado River,
paßt sich in seiner
Weitläufigkeit
dem Charakter
der Landschaft an.

Oben:
Verkaufsstände
der Navajo im
Monument Valley -
ihre Reservation
nimmt fast ein
Drittel der Fläche
von Arizona ein.

58

In der lebensfeindlichen
Landschaft der
Wüsten und Trocken-
gebiete überlebte nur,
was sich ihr anpaßte.

Seite 60/61:
Vom Plateaurand
des Bryce Canyon
führen Wanderwege
in die Tiefe.
Rund 760 Höhenmeter
liegen zwischen
dem höchsten Punkt
und dem Boden des
Canyons.

Die Stadt der Mormonen -
Salt Lake City

Als Brigham Young mit einer Gruppe von 143 Männern, drei Frauen und zwei Kindern am 24. Juli 1847 nach eineinhalbjähriger Wanderschaft im Salt Lake Valley ankam, rief er aus: »Dies ist der rechte Ort!« Der

Bereits 1850, drei Jahre nach ihrer Gründung, hatte die Mormonensiedlung am großen Salzsee über 10.000 Einwohner.

Mormonenprophet gründete das heutige Salt Lake City am Rande des großen Salzsees, in einer Einöde, in die sonst niemand wollte - auch die Indianer hatten dieses Land gemieden. Im Laufe des Sommers folgten fast 2.000 weitere mormonische Siedler. Für sie wurde diese Region zum gelobten Land, in dem sie vor weiteren Verfolgungen sicher sein würden.

Der selbsternannte Prophet und Religionsgründer Joseph Smith, der die Lebensregeln seiner Anhänger durch göttliche Offenbarungen empfing, hatte nicht nur durch das Gebot der Vielweiberei, sondern auch durch seine

liberale Einstellung zur Sklaverei Anstoß erregt und sich und seine »Gläubigen der letzten Tage« dadurch immer wieder Angriffen und schließlich der Vertreibung ausgesetzt. Die Church of Latter-day-Saints machte Salt Lake City innerhalb weniger Jahrzehnte zu einer blühenden Stadt.

Der Temple Square, geistliches Zentrum der Sekte, steht allen interessierten Besuchern offen und vermittelt einen lebhaften Eindruck vom Selbstverständnis der Mormonen. Wer sein Wissen vertiefen will, kann dies im restaurierten Wohnhaus Brigham Youngs (Beehive House) und im Museum of Church History and Art tun. Musikalische Berühmtheit erlangten der Tabernacle Choir und die Orgel mit ihren etwa 12.000 Pfeifen im Kuppelbau des Tabernacle. Die mormonischen Glaubens- und Verhaltensregeln prägen nicht nur das öffentliche Leben ihrer Hauptstadt, sondern die des ganzen Staates Utah. Eine davon ist das strikte Alkoholverbot. Wie in den Zeiten der Prohibition werden in Lokalen nur Softdrinks ausge-

Stiche von Reisenden des 19. Jahrhunderts zeigen den Religionsstifter als Prediger (oben) und Märtyrer (unten). Joseph Smith wurde 1844 vom Mob in Illionois geteert und gefedert.

Im Tabernacle aus dem Jahr 1867 finden regelmäßig Konzerte statt, die auch von Nichtgläubigen besucht werden können.

DAS BUCH MORMON

Joseph Smith, ein Land-arbeiter aus dem Staat New York, gründete die neue Kirche, nachdem ihm - so die sekten-eigene Mythenbildung - 1823 das »Buch Mormon« vom Engel Moroni offenbart wurde. Smith behauptete, den auf goldenen Tafeln eingravier-ten Text mit Hilfe israelitischer Orakelsteine übersetzt zu haben, bevor der Engel diese wieder mit sich nahm. Das 1830 veröffentlichte »Book of Mormon« enthält, neben der Bibel, die wesentlichen Glaubens-inhalte der Mormonen. Es berichtet von den drei Völker-wanderungen von der Alten in die Neue Welt und erzählt die Geschichte der Völker des Amerikanischen Kontinents von 2000 v.Chr. bis ins Jahr 421. Seine 239 Kapitel enthalten ferner die wundersamen Lehren Christi in Amerika, zahlreiche Prophezeiungen sowie die wesentlichen Glaubensüberzeu-gungen. Also eine für die Neue Welt geradezu maßge-schneiderte Schrift.

schenkt. Es gibt allerdings Liquor Stores, in denen Nicht-Mormonen ihren Alkoholbedarf decken können. Strenge Selbst-disziplin, moralische Lebens-führung, soziale Verantwortung, enge Familienbindungen und die Verpflichtung, eine Zeitlang aktive Missionierungsarbeit zu leisten, kennzeich-nen das mormonische Ethos. Nach eigenen Angaben umfaßt die Church of Latter-day-Saints weltweit etwa siebeneinhalb Millio-nen Mitglieder.

Vor dem Church Office Building steht ein Bronzestandbild von Joseph Smith, der selbst nie in Salt Lake City war.

*Auf dem höchsten
Turm des Mormon
Temple in Salt Lake
City steht eine Statue
des Engels Moroni,
von dem Joseph Smith
das Buch Mormon
empfangen haben soll.*

*Seite 64:
Das Zentrum
Salt Lake Citys mit
seinen gepflegten
Anlagen wird von den
mormonischen Einrich-
tungen rund um
den Temple Square
geprägt.*

*Oben links:
Dem Andenken des
Religionsstifters Joseph
Smith begegnet man
auf Schritt und Tritt.*

Inline skating und
BMX biking sind
auch aus den Straßen
Salt Lake Citys nicht
wegzudenken.

Unten:
Der Ausruf Brigham
Youngs: »This is the
right place!« wurde
1947 im Pioneer
State Park in einem
Denkmal verewigt.

Seite 66:
Die Türme des
Mormon Temple
vor dem 28stöckigen
Church Office
Building.

Nur das Wasser des Toten Meers ist noch salziger als das des Great Salt Lake. Seine Wasserfläche ist starken Schwankungen unterworfen: Bei Höchststand waren es 6000 Quadratkilometer, bei niedrigem Wasserstand sind es nur 2500.

Weiß leuchtet die Kuppel des Joseph Smith Memorial Building in Salt Lake City.

*Historische Loks
und Fast Food beim
Golden Spike Festival
in der Nähe von Salt
Lake City.*

*Vor dem Utah State
Capitol erinnert die
Bronzestatue des
Indianers Massasoit
(von Cyrus E. Dallin)
an das Schicksal der
Ureinwohner.*

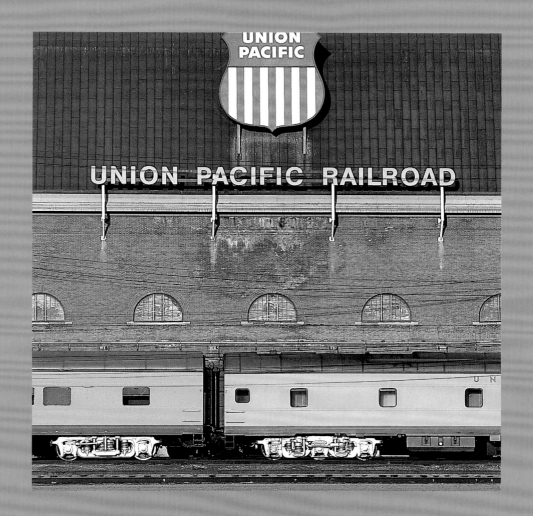

Seite 70:
*Salt Lake City ist
einer der großen
Verkehrsknotenpunkte
im Westen der USA.
Zwar hat heute der
Autoverkehr Vorrang
vor allen anderen
Transportmitteln, doch
für die Erschließung
des Westens spielte
die Eisenbahn eine
entscheidende Rolle.*

*Die Union Pacific
baute die Gleise von
Omaha Richtung
Westen, die Central
Pacific von Sacramento
Richtung Osten.
1869, sechs Jahre
dem ersten Spatenstich,
trafen beide Schienen-
stränge in Promontory
am Great Salt Lake
zusammen.*

DIE DESERT STATES –
NEVADA UND ARIZONA

ilder, die man aus zahllosen Roadmovies kennt: endlose schnurgerade Straßen, die sich im Flimmern der Hitze verlieren, flache, ausgedörrte Weite, Landschaft bis zum Horizont. Büschel von blaßgrünem Sagebrush, Wüstenbeifuß und Wüstensalbei, fegen über die Ebene unter einem unerbittlich blauen Himmel. Empty landscapes. Gary, ein Ingenieur, im Greyhound-Bus auf dem Weg von Tucson nach Phoenix, meint, der ewige Sonnenschein verursache Depressionen. Hier kann man sich vorstellen, daß Wolken am Himmel die Stimmung der Wüstenbewohner heben. In dieser lebensfeindlichen Umgebung überlebt nur, was sich dem ariden Klima anpassen kann. Der größte Teil Nevadas und Utahs und das südwestliche Drittel Arizonas, in dem die größten Städte liegen und der Großteil der Bevölkerung lebt, sind Wüsten - doch

Wüste ist nicht gleich Wüste

Im Südwesten gibt es verschiedene Wüstentypen, und alle haben ihre Charakteristika und eigentümliche Schönheit. Das Sonoran Desert, Ausläufer der mexikanischen Sonora Wüste, im Südwesten Arizonas ist berühmt für seine Saguaro-Kakteen. Sie werden bis zu 15 Meter hoch und leben bis zu 200 Jahre lang. Im Saguaro National Park östlich von Tucson und im Organ Pipe Cactus National Monument 150 Kilometer westlich, an der mexikanischen Grenze, befinden sich die größten und ältesten Exemplare der Gattung. Auch vielfältige andere Wüstenpflanzen sind hier beheimatet. Die Samen mancher Pflanzen können einige Jahre in der Erde ruhen; wenn es einmal regnet, keimen und wachsen sie und bringen innerhalb kürzester Zeit bunte Blütenteppiche hervor. Tiere sieht man kaum - außer vielleicht ein paar Eidechsen. Auch sie haben sich dem Wüstenklima angepaßt und sind nachtaktiv oder Langschläfer; viele Tiere legen weite Wege zurück, um zu Wasserstellen zu kommen wie die Koyoten, oder decken ihren Wasserbedarf durch die Pflanzen, die sie verzehren, wie etwa die Beutelratten. Auch Klapperschlangen oder Skorpione und giftige Spinnen wie die Schwarze Witwe begnügen sich mit sehr eingeschränkten Lebensbereichen.

Temperaturen Phoenix (Arizona)
● Tag
○ Nacht

Temperaturen Salt Lake City (Utah)
● Tag
○ Nacht

(Monate: Januar, Februar, März, April, Mai, Juni, Juli, August, September, Oktober, November, Dezember)

Gewaltige Saguaro-Kakteen, wie hier im Tucson Mountain Park, prägen die Landschaft im Süden Arizonas.

Die heimische Pflanzen- und Tierwelt zeigt das Arizona-Sonora Desert Museum - ein Museum der Wüste.

Seite 72/73:
Schrilles Ambiente: ein Motel in Gila Bend an der Interstate 8 in Arizona.

Großartig leuchten die farbigen Felsen des Painted Desert, hier bei Holbrook in der Nähe des Petrified Forest National Park.

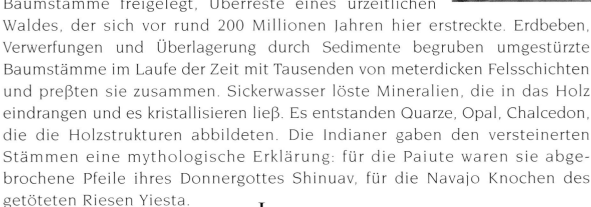

Das Painted Desert und der Petrified Forest im Osten Arizonas dagegen sind äußerst karge, aber wie der Name schon sagt, bunte Felswüsten. Wind und Wasser haben hier farbenprächtige Versteinerungen riesiger Baumstämme freigelegt, Überreste eines urzeitlichen Waldes, der sich vor rund 200 Millionen Jahren hier erstreckte. Erdbeben, Verwerfungen und Überlagerung durch Sedimente begruben umgestürzte Baumstämme im Laufe der Zeit mit Tausenden von meterdicken Felsschichten und preßten sie zusammen. Sickerwasser löste Mineralien, die in das Holz eindrangen und es kristallisieren ließ. Es entstanden Quarze, Opal, Chalcedon, die die Holzstrukturen abbildeten. Die Indianer gaben den versteinerten Stämmen eine mythologische Erklärung: für die Paiute waren sie abgebrochene Pfeile ihres Donnergottes Shinuav, für die Navajo Knochen des getöteten Riesen Yiesta.

Im Mojave Desert im Süden Nevadas mit seinen extremen Temperaturen wächst allenfalls niedriges Buschwerk, in höheren Lagen findet man auch Yuccas und andere Agavengewächse. Kakteen sind dagegen eher selten. Die Great Basin-Region, die den größten Teil Nevadas und den Westen Utahs dominiert, bietet das typische Bild des Sagebrush, der Steppenbeifuß, dessen graugrüne Büschel das Land bedecken, so weit das Auge reicht. Doch in diesem Jahrhundert ist Leben in den Wüstenregionen möglich geworden. Extensive, staatlich subventionierte Bewässerung erlaubt selbst ihre landwirtschaftliche Nutzung.

In Südarizona werden Citrusfrüchte, Gemüse und Baumwolle angebaut.

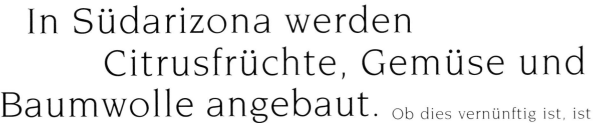

Ob dies vernünftig ist, ist eine andere Frage, denn der sorglose Umgang mit Wasser und Bewässerung zu Zeiten der größten Verdunstung läßt die Böden innerhalb weniger Jahre versalzen. Der Mensch paßt sich nun nicht mehr der Natur an, sondern formt umgekehrt die Natur nach seinen Bedürfnissen. Annehmlichkeiten wie Klimaanlagen und Swimmingpools, Rasenflächen und Golfplätze lassen unter Umständen sogar vergessen, daß man sich in der Wüste befindet. Das moderne Arizona und Nevada schufen zahlreiche künstliche Lebenssphären, Hochleistungen der Bewässerungstechnik - Las Vegas, Phoenix,

Phoenix mit seinen Satellitenstädten hat bereits mehr als 2 Millionen Einwohner, und es wächst weiter in die Wüste hinein.

Sun City, Scottsdale, doch um welchen Preis? Die größten Städte liegen im ariden Südwesten des Staates Arizona, der Großteil seiner Bevölkerung konzentriert sich hier. Wegen der warmen, trockenen Winter wird der Staat immer mehr zum Rentnerparadies. Künstliche Senioren-Städte wie das 1960 entstandene Sun City mit seinen zahlreichen Freizeiteinrichtungen und Trailer Parks schießen rund um Phoenix aus dem Boden. In Sun City leben rund 46.000 der sogenannten Snow Birds, Zugvögel, Rentner und Pensionäre, die hier dem Winter entfliehen.

Wasser für den Südwesten

Diese Städte in der Wüste haben einen enormen Energie- und Wasserverbrauch und sind nur durch naturzerstörende Staudämme überlebensfähig. Las Vegas hat einen gigantischen Wasserverbrauch von 1000 Litern pro Kopf und Tag, mehr als doppelt soviel wie beispielsweise Tucson (in einem Durchschnittshaushalt bei uns sind 150 Liter die Norm). Die Stadt ist eine künstliche Oase am Tropf des Colorado, deren Hotels in ihrer verschwenderischen Pracht miteinander zu wetteifern scheinen.

Jede der vollklimatisierten Indoor-Welten verbraucht soviel Strom wie eine Stadt mit 60.000 Einwohnern. Das Wasser, mit dem nicht nur die Hotelpools, die üppig grünen Golfanlagen, sondern auch die Sprinkleranlagen gespeist werden, die an den Dachtraufen der Poolbars hängen und bei über 40 Grad im Schatten unentwegt feinen Wassernebel zur Kühlung versprühen - dieses Wasser stammt aus dem Colorado, der durch den 40 Kilometer entfernten Hoover Dam zum Lake Mead aufgestaut wird.

In den Casinos von Las Vegas gibt es keine Sperrstunde. Hier rollt der Rubel rund um die Uhr.

Das Casino-Hotel »Mirage« in Las Vegas ist eine Karibik-Fiktion mit künstlichem Vulkan und Wasserfall.

Dieser Staudamm, inzwischen selbst eine Touristenattraktion geworden, war zur Zeit seiner Fertigstellung im Jahr 1936 der größte, der je gebaut worden war. Er enthält soviel Beton, daß man damit eine sechs Meter breite Straße von Florida nach Kalifornien bauen könnte, und soviel Stahl wie im Empire State Building verbaut wurde und außerdem neun Millionen Tonnen Stein. Er staut den Colorado zum 170 Kilometer langen Lake Mead, der nicht nur Nevada und Arizona, sondern auch kalifornische Städte wie Los Angeles und San Diego mit Wasser und Energie versorgt. Allerdings geht dem See mitten in der Wüste mit seiner ausgedehnten Oberfläche allein durch die tägliche Verdunstung auch einiges an Wasser verloren.

Ein zweiter Staudamm, der den Colorado östlich des Grand Canyons aufstaut, ist der Ende der fünfziger Jahre errichtete Glen Canyon Dam. Er überflutete die großartige Landschaft des Glen Canyon und zahlreiche Zeugnisse der indianischen Kultur. Auch auf den Colorado und die Landschaften, durch die er fließt, hat der Staudamm seine negativen Auswirkungen. Heftige Proteste der Naturschützer, die das hochsubventionierte Projekt für überflüssig hielten, blieben von den Verantwortlichen ungehört. Es schien einfacher und profitabler, den Damm zu bauen, als durch moderne Bewässerungsmaßnahmen Wasser zu sparen. Ein angenehmer Nebeneffekt schien der Freizeitwert des neu entstandenen 300 Kilometer langen Lake Powell. Die Schönheit des versunkenen Canyons und die Zeugnisse seiner indianischen Bewohner jedoch sind unwiederbringlich verloren. Vor 1.000 Jahren, als Anasazi, Fremont-Indianer, Hohokam und Pueblo-Indianer in den Wüstenstaaten des Südwestens lebten, mußten die Menschen sich noch der Natur anpassen, um zu überleben. Allerdings war das Land noch nicht so ausgetrocknet wie heute. In vielen heute wüstenhaften Regionen erstreckten sich weite Prärielandschaften, der Lebensraum von Büffeln und jagdbarem Wild.

Urlaub im Hausboot: der Lake Powell entwickelte sich rasch zum Feriengebiet.

Vor der Ankunft der Weißen lebten in Arizona, Utah und Nevada überwiegend nomadisierende Indianerstämme: Navajo, Apache, Paiute, Shoshoni und Washoe, aber auch seßhafte Pueblo-Indianer und Hopi. Ihre Lebensweise stand notgedrungen in Einklang mit den natürlichen Bedingungen, die sie vorfanden. Dieses in überlieferten Texten und Gesängen geäußerte Weltbild wurde von der Ökologiebewegung in den siebziger Jahren wiederentdeckt.

Seit dem 9. Jahrhundert leben Indianer in Taos Pueblo.

Die Spanier kamen von Mexiko aus in den Südwesten, lange bevor die Mayflower der Pilgrimfathers an der Ostküste Nordamerikas landete. Die ersten Expeditionen blieben zwar ohne größere Folgen für die ansässigen Hopi und Zuni, da die enttäuschten Goldsucher nur einfache, aus Lehm erbaute Dörfer vorfanden, deren Bewohner in ihnen keine Götter sahen, sondern ihnen feindselig begegneten. Zu Beginn des 17. Jahrhunderts aber kamen Franziskaner-Mönche, um die ersten Missionen zu errichten. Die ersten drei entstanden in der Nähe der Hopi-Dörfer, und es gelang offensichtlich sogar, einige der Indianer zu bekehren. Im Süden Arizonas, im Gebiet der Pima, war es vor allem der Jesuitenpater Eusebio Francisco Kino, der zwischen 1691 und 1711 das Land erforschte und Missionen gründete. Eine davon war die Mission San Xavier del Bac, 16 Kilometer südlich von Tucson. Die ursprüngliche, um 1700 erbaute Kirche wurde in der Pima-Revolte 1751 zerstört. An ihrer Stelle entstand eines der

Meisterwerke des spanischen Barocks

in der Neuen Welt, mit unverkennbaren volkstümlichen mexikanischen Zügen. Da es keinen echten Marmor gab, wurde er aufgemalt, dasselbe galt für die Keramik-Fliesen und andere Zierelemente. Der Bau der strahlend weißen Kirche dauerte von 1783 bis 1797 und wurde wieder von Franziskanern geleitet, doch er war ein echtes multikulturelles Projekt, eine Gemeinschaftsleistung von Spaniern, Indianern und Mexikanern.

Der österreichische Jesuit Kino gründete über 100 Missionen, überwiegend in Arizona. Viele waren der Grundstein für spätere Siedlungen.

Dasselbe trifft auch heute, rund zweihundert Jahre später, auf die Restaurierung der Mission San Xavier del Bac wieder zu. Die Initiative für dieses Unternehmen ist den Tohono O'odham oder auch Papago-Indianern in der San Xavier Indian Reservation zu verdanken, deren Gemeinde die Kirche aktiv nutzt. Sie sammelten 2.000.000 Dollar Spendengelder, so daß ein Team aus türkischen, italienischen und deutschen Restauratoren zusammen mit den O'odham den blätternden Putz ersetzen kann. Das Dach wird nach traditioneller Methode repariert: gebrannte Ziegel werden mit Mörtel aus Sand, gelöschtem Kalk und klebrigem Kaktussaft angebracht. Zum 200. Jubiläum 1997 soll die Kirche in neuem Glanz erstrahlen, um auch in Zukunft bei den gut besuchten Gottesdiensten indianische, mexikanische und weiße Amerikaner zu versammeln.

Zahlreiche Ghosttowns in Nevada zeugen vom schnellen aber kurzen Wohlstand durch Bodenschätze.

Die regionale Küche kommt nicht ohne Chilis aus. Dekorativ hängen die scharfen Schoten zum Trocknen an den Wänden wie hier in Santa Fe.

Einige Missionen bedienten sich, teils aus Mangel an anderen Mitteln, teils vielleicht auch aus besserer Einsicht, der traditionellen Materialien und adaptierten Elemente der indianischen Architektur in den Wüstenstaaten: massive, glatte und fensterlose Adobemauern, bedeckt von flachen Dächern, die auf Holzbalken ruhen. Adobe, luftgetrocknete Lehmziegel, werden seit Jahrtausenden in vielen Trockengebieten der Erde als Baumaterial verwendet, weil sie temperaturausgleichend wirken. Eine einfache und dennoch wirksame Methode, ohne Klimaanlage auszukommen!

Mit Motiven indianischer Felszeichnungen wirbt die Tourismus-Verwaltung des Lake Powell für Sauberkeit.

Ein moderner Architekt, dem das Leben in Harmonie mit der Umwelt stets oberstes Gebot war, Frank Lloyd Wright, baute am Rande der Sonora-Wüste ein Haus, das in Form und Material organisch aus seiner Umgebung herauszuwachsen scheint. »Talisien West«, jetzt Hauptquartier der Frank Lloyd Wright Foundation, ist zugleich sein architektonisches Credo. Innen- und Außenraum gehen ineinander über, die Szenerie vor der Fensterfront ist Teil des Raumes, in den sich auch das Mobiliar einfügen mußte. Einer von Frank Lloyd Wrights Schülern, Paolo Soleri, ging noch einen Schritt weiter und entwickelte die

Idee einer »Arcology«,

die Forderung einer Verbindung von »Architecture« und »Ecology«. Die Cosanti Foundation in Scottsdale zeigt in ihren futuristischen baulichen Strukturen Theorie und Praxis seines architektonischen Konzepts; einen noch besseren Eindruck erhält man allerdings in Arcosanti, der Stadt, die Soleri 1970 in der Wüste zwischen Phoenix und Flagstaff zu bauen begann. Land und Energie sollen möglichst effizient genutzt werden. Da die Geldmittel beschränkt sind, wächst die Stadt allerdings nur langsam auf ihr Ziel zu, 5000 Einwohner zu beherbergen.

Aufgrund der unwirtlichen Lebensbedingungen wurden die Regionen im Gebiet des heutigen Staates Nevada erst sehr spät von Weißen überhaupt erkundet. 1826-27 gelang es dem Trapper Jedediah Smith als erstem Weißen, das Land von Ost nach West zu durchqueren. Zu jener Zeit gehörte die Region noch zu Mexiko. Sie wurde erst 1848 zu einem Teil der Vereinigten Staaten. Sehr bald fanden Expeditionstrupps heraus, daß es hier im Boden Schätze zu heben gab, und nun gab es kein Halten mehr! Gold, Silber und Mineralien zogen in der zweiten Hälfte des 19. Jahrhunderts zunächst Prospektoren und Abenteurer und nach ihnen auch Arbeiter und Siedler ins Land. Die erste weiße Siedlung, Genoa im Carson Valley, wurde erst 1851 von einigen Mormonenfamilien gegründet. Im südlichen Nevada zog der Gold-, Silber- und Erzboom zu Anfang des Jahrhunderts Zehntausende Menschen an. Blühende Städte wie Tonopah, Goldfield, Rhyolite entstanden fast über Nacht und wurden teilweise in Panik 1907 bereits wieder verlassen, als der Boom zu Ende war. Dieser späte Beginn der eigentlichen US-Geschichte in dieser Region erklärt vielleicht, warum ziemlich langweilige verlassene Minenstädte, die erst in den dreißiger Jahren dieses Jahrhunderts gegründet und schon 10 Jahre später wieder verlassen wurden, mit bunten Hochglanzprospekten als »historic landmarks« zur Besichtigung empfohlen werden.

Fort Bowie in Südarizona wurde 1862 errichtet, um die nach Kalifornien ziehenden Siedler vor den Apachen zu schützen. Ihr Häuptling Geronimo wurde 1886 durch eine List unterworfen - hier ist auch das Grab von Little Robe, dem Sohn Geronimos.

Die Route 66,
die Straße nach
Westen, existiert
heute nur noch in
Teilstücken. Doch
da wird Nostalgie
großgeschrieben.

Bob, der Besitzer
des Old 66 Visitor
Centers in Huckberry,
erzählt gerne von
den alten Zeiten und
handelt mit Route-66-
Devotionalien.

Harley Davidson
und Route 66 gehören
untrennbar zusammen.
Und nirgendwo sieht
man so viele auf
Hochglanz polierte
Oldtimer, wie entlang
des inzwischen als
»historic« bezeichneten
Highways.

Auf der Main Street der Casinostadt Laughlin südlich von Las Vegas treffen sich die Harley-Fahrer.

»Show your tits.«
Wenn die Harleys
nachts durch die
Straßen »cruisen«
will das Publikum
seinen Spaß.

83

Artificial
Wonderland oder
Kitsch as Kitsch can:
In Las Vegas ist alles
erlaubt, nichts
übertrieben und die
Casino-Hotels ver-
suchen sich gegenseitig
noch zu überbieten.

Seite 84/85:
Ritterromantik im
Hotel Excalibur.

Oben rechts und links:
Caersars's Palace -
außen die Realität der
Luxuxkarossen und
innen das alte Rom.
Unten rechts und links:
Ägypten ist durch-
gehend geöffnet im
Hotel Luxor.

Las Vegas - Glitzerwelten

Man muß nachts in Las Vegas ankommen. Man sieht auf die Stadt wie auf eine geöffnete Schatzkiste voller Goldnuggets und bunter, glitzernder Juwelen. Und bereits in der Flughafenhalle stehen die einarmigen Banditen Spalier.

Wir sind in einer Stadt, die tagsüber fast nicht existiert. Sie

Der Strip lockt nach Einbruch der Dunkelheit mit überlebensgroßen Leuchtreklamen. Oben: der Eingang des MGM Grand.

Die Casino Hotels unterscheiden sich von außen mehr als von innen. Auch im »mittelalterlichen« Excalibur wird man von unzähligen Slot Machines empfangen.

döst in der Hitze vor sich hin und erwacht erst zum Leben, wenn die bunten glitzernden Lichter die öden Fassaden verzaubern. Las Vegas ist Symbol für Verlockung und Illusion, die Übersteigerung und Perversion des amerikanischen Traums, eine Art Disneyland in gigantischen Ausmaßen. Von den Casino-Hotels am Strip, vollklimatisierten Luxuspalästen mit jeweils mehreren tausend Zimmern, ist jedes einem anderen Thema gewidmet: Ägypten, Römerzeit, Karibik- oder Ritterwelten - die Kulissen um die uniformen Spielautomaten und

-tische wetteifern miteinander um die Gunst der »Zocker«.

Allein für die Varietéshows und Konzerte mit den Showlegenden und Megastars würde sich die Reise lohnen. Mehr als 25 Millionen Besucher kommen jedes Jahr nach Las Vegas - Tendenz steigend. Die Casinos locken mit billigen Übernachtungs- und Essenspreisen (sie können ganz sicher sein, daß sie am Ende trotzdem die Gewinner sind) - und alle kommen: Familien, Rentner, Rucksacktouristen - die Luxuswelt ist nicht mehr nur den Happy Few vorbehalten.

Abend für Abend strömen die Massen den Strip entlang und ziehen von einem Casino ins nächste, wo einen Heerscharen von blitzenden, ratternden, piepsenden Spielautomaten, Roulette- und Kartentische und Wettcenters empfangen, in denen auf Riesenmonitoren Sportveranstaltungen übertragen werden. Für unerfahrene Spielwillige bieten die Hotels sogar Gambling Lessons an, Nachhilfe im Spielen. Aber für runde 4 Milliarden Dollar Einnahmen lohnt sich dieser Einsatz.

Wer auch noch schnell heiraten will, kann das in einer der rund dreißig bonbonfarbenen, im Zuckerbäckerstil ausgestatteten Wedding Chapels erledigen.
Was man dazu braucht? Reisepaß, 35 Dollar und eine Stunde Zeit.

Top 6 der Casino-Hotels am Strip

Caesar's Palace
eine Fiktion der Römerzeit mit 1640 Zimmern und Suiten - selbst die Shampoofläschchen haben die Form antiker Säulen; unter demselben Dach das Forum, ein Ensemble aus Straßen und Plätzen des heutigen Rom mit täuschend echtem Wolkenhimmel.

Mirage
3049 Zimmer, viertelstündlich ausbrechender künstlicher Vulkan, karibisches Ambiente, ein Delphinarium und die weißen Tiger von Siegfried und Roy.

Treasure Island
2900 Zimmer. Stündlich wird vor der Hotelfassade über einem künstlichen Kanal eine lebensechte Piratenschlacht mit Stunts, brennendem und sinkendem Segelschiff geboten.

MGM Grand
das mit 5009 Zimmer z.Zt. größte Hotel visiert vor allem Familien an; der Theme Park, ein Vergnügungspark à la Disneyland, ist bis spät in die Nacht geöffnet.

Excalibur
4032 Zimmer, Fassade ist gestaltet wie eine Ritterburg aus einem Zeichentrickfilm.

Luxor
eine verspiegelte Pyramide, deren 2526 Zimmer dekoriert sind wie ägyptische Grabkammern; Rundfahrt durch die altägyptische Geschichte mit einer »Nilbarke« auf künstlichem Gewässer.
Diese neueste Attraktion von Las Vegas wurde 1993 eröffnet; der Bau verschlang gut 300 Millionen Dollar.

Das heutige Las Vegas wurde erst 1905 gegründet, obwohl Frémont die Gegend bereits 1844 erforschte und 1855 hier Mormonen siedelten.
Der Aufstieg des »Strip« begann erst 1946 mit dem Bau des Flamingo Casino von Bugsy Siegel. Inzwischen folgen jedes Jahr neue, und die Stadt frißt sich unermüdlich immer weiter in die Wüste vor. Sie bietet inzwischen Arbeitsplätze für über hunderttausend Menschen, die im Schichtdienst dafür sorgen, daß in den Casinos zu jeder Tages- und Nachtzeit Essen und Unterhaltung geboten werden kann und an den Spieltischen die Kassen klingeln.
Arbeitskräfte aus dem ganzen Land zieht es hierher, kosten doch die Häuser hier nur ein Drittel kalifornischer Preise bei deutlich niedrigeren Steuern.

»Täglich bis Sonnen-
untergang geöffnet.«
Das Arizona Sonoran
Desert Museum zeigt
die Flora und Fauna
der Sonora Wüste.
Hier kann man die
Tiere sehen, die in der
freien Wildbahn nur
schwer zu finden sind:
Dickhornschafe, aber
auch Berglöwen,
Jaguare, Schlangen
und Fledermäuse.

Unten links:
Die Petroglyphen im
Valley of Fire State
Park stammen von
Anasazi und Paiute-
Indianern.

Seite 90:
Mehr als 180 Millionen
Jahre alt sind die ver-
steinerten Baumstümpfe
im Petrified Forest
National Park im
nordwestlichen Arizona.

Seite 92/93:
Die seltenen Saguaro-
Kakteen, die bis zu
200 Jahre alt werden,
wachsen nur im süd-
lichen Arizona und in
Südkalifornien.

*Auf den Spuren
der Pioniere durch
Indianerland und
National Parks.*

*Oben rechts und unten:
Das saftige Grün im
Great Basin National
Park, Nevada, steht
im Kontrast zu den
kargen Wüstenland-
schaften - unten: der
Wheeler Peak.*

Oben links:
Skorpione sind nicht
die einzigen giftigen
Bewohner der Wüsten-
staaten.
Viele Plätze und
Sehenswürdigkeiten
sind noch immer nur
mit dem Pferd zu errei-
chen, wie im Secret
Canyon, Nevada
(oben)

Unten:
Anazasi-Runen
in Arizona.

Der Oak Creek
Canyon ist eines der
wenigen Gebiete in
Arizona, das alle vier
Jahreszeiten kennt.

»Freiheit und
Abenteuer« am
Lagerfeuer oder
»First Class« im
Gadsden Hotel in
Douglas, Arizona
(Seite 96).

Der Stetson ist hier
nie aus der Mode
gekommen:
Der Christal Palace
Saloon in Tombstone,
Arizona, erstrahlt
noch immer in seiner
Originalausstattung
aus dem Jahr 1882.

DAS LAND
UM DEN RIO GRANDE

 er Rio Grande entspringt in den Rocky Mountains in Colorado und fließt über New Mexico nach Mexiko. Er ist eine der Lebensadern im trockenen Südwesten, bot und bietet Siedlungsraum für Indianer, Spanier, Mexikaner und weiße Einwanderer. Seinem Lauf folgten die ersten spanischen Eroberer, die sich von ihrem Königreich Mexiko aus aufgemacht haben, auch Nordamerika zu kolonisieren. 1598 führte Juan de Oñate 130 spanische Familien flußaufwärts. Ihm folgten weitere Trecks. Die Verdrängung der Indianer begann. Die Einwanderung dagegen setzt sich auch heute noch fort. Für weiße Anglos aber auch für Einwanderer aus Mexiko ist das Land attraktiv. New Mexico ist tatsächlich der am stärksten tri-kulturell geprägte aller US-Staaten.

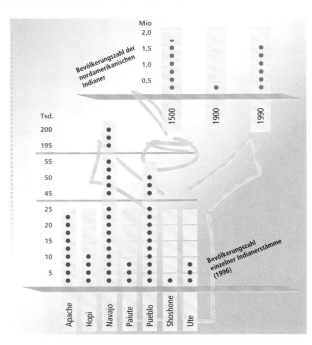

Viele Pueblo-Indianer leben auch heute noch wie einst ihre von den Spaniern unterworfenen Vorfahren in Lehmbauten. Wer also nicht nur Landschaft und US-Lifestyle, sondern auch Spuren verschollener Indianerkulturen und - wenn auch nicht mehr ganz unverfälscht - heutige bewohnte Indianerdörfer sehen will, hat dazu bei einer Reise entlang des Rio Grande und weiter westlich in der Four Corners Area ausgiebig Gelegenheit. Eigentlich gehörten die Indianer, die nach den Anasazi in die Region des Rio Grande kamen, verschiedenen Stämmen an, doch die Spanier nannten sie alle Pueblo-Indianer, weil sie in festen Dörfern siedelten. Neunzehn solcher Pueblos liegen im Umkreis von Santa Fe und Albuquerque und können besucht werden. Manche haben allerdings so etwas wie »Öffnungszeiten«, die man beachten muß (in der Regel von Sonnenaufgang bis Sonnenuntergang).

Der über 3000 Kilometer lange Rio Grande ist einer der naturbelassensten Flüsse der USA.

In allen Pueblos gibt es Feste und Veranstaltungen, bei denen auch Besucher traditionelle Tänze und Zeremonien erleben können. Manchmal - und das ist nur konsequent - wird dafür auch Eintritt verlangt. Zwar geht es auch in diesen Pueblos nicht mehr ohne Fernseher und Pickup-Truck, doch der ursprüngliche Charakter der indianischen Dorfgemeinschaften ist dennoch

Seite 98/99:
Hunderte von Ballonpiloten kommen jedes Jahr im Oktober zur Balloon Fiesta nach Albuquerque, New Mexico.

100

Die Adobe-Bauweise
wird auch in den
Städten für Neubauten
wiederentdeckt.

spürbar. In Taos Pueblo beispielsweise leben noch ein Zehntel der insgesamt 1900 Einwohner tatsächlich in den Adobehäusern des Pueblos, die meisten der Stammesmitglieder wohnen in moderneren Häusern außerhalb der Pueblomauern. Der überwiegende Teil der beiden ursprünglichen Anlagen, Hlauum (Nordhaus) und Hlaukwima (Südhaus) entstand in der Zeit zwischen 1000 und 1450. Dies ist um so erstaunlicher, wenn man bedenkt, aus welchen Materialien sie erbaut wurden, nämlich aus luftgetrockneten Ziegeln aus Lehm, Wasser und Stroh, regelmäßig verputzt durch eine neue Schlammschicht, was im Laufe von Jahrhunderten die Formen rundete. Ein Pueblo, in dem die alten Sitten und Gebräuche noch so intensiv gelebt werden

wie vor zweihundert Jahren, ist Santo Domingo, zwischen Santa Fe und Albuquerque am Rio Grande gelegen. Töpferkunst und Schmuckherstellung werden in einigen Dörfern nach traditionellen Mustern gepflegt, und es entstehen Gefäße und Türkis-Silberschmuck, wie sie schon bei den Anasazi hergestellt wurden.

Doch es gibt auch viel ältere, heute nicht mehr bewohnte Pueblos, Zeugnisse verschwundener indianischer Kultur, wie der Chaco Culture National Historic Park. In der phantastischen Felsschlucht befanden sich einst 12 große Siedlungen der Anasazi, die im 11. und 12. Jahrhundert Handelsverbindungen bis nach Mexiko unterhielten. Der Chaco Canyon war einst der Mittelpunkt ihrer Kultur.

Die Pueblos im Chaco Canyon wurden um 1330 erbaut. Mit Hilfe eines ausgetüftelten Bewässerungssystems machten ihre Bewohner das trockene Land fruchtbar.

Taos Pueblo (unten), im Tal des Rio Grande (oben) gelegen, ist eines der ältesten und schönsten Pueblos in New Mexico.

Die Siedlung der Anasazi

Sie legten hier im Laufe von zweihundert Jahren große Wohnstädte an, die durch ein Straßennetz miteinander verbunden waren. Man nimmt an, daß in den verschachtelten, kastenförmig übereinandergebauten Wohnungen einst 5000 Menschen gelebt haben. Das vierstöckige Pueblo Bonito allein enthielt etwa 800 Räume und bot schätzungsweise 600 Menschen Wohnraum. Die Anasazi-Siedlungen in der Four Corners Area standen in enger Beziehung zueinander: die Pueblos des Chaco Canyon, das 250 Kilometer entfernte Mesa Verde (Colorado) und das nur 100 Kilometer entfernte Aztec.

Das auf einem üppig grünen Bergrücken gelegene Mesa Verde ist berühmt für seine Klippenwohnungen, die wie Schwalbennester unter Felsüberhänge gebaut sind. Ihre Besichtigung sei nur Schwindelfreien empfohlen. Der Einstieg und Ausstieg erfolgt über Holzleitern. Charakteristisch für alle Pueblos sind die Kivas, in den Boden eingelassene, runde Zeremonial- und Versammlungsräume mit Holzbalkendecken, in die man durch eine Leiter hinunterstieg. Sie gehen möglicherweise auf die frühen Erdhäuser der prähistorischen Vorfahren der Anasazi zurück, die Ahnen waren so in das kultische Brauchtum einbezogen. Wer will, kann in Mesa Verde selbst in eine solche Kiva hinuntersteigen, um die Atmosphäre in dem dunklen engen Raum zu erleben. Aus letztlich nicht geklärten Gründen haben die Anasazi, sowohl die Bewohner von Mesa Verde als auch des Chaco Canyon, im 12. Jahrhundert ihre Heimat verlassen. Die vermutlich direkten Nachkommen der Anasazi, die heutigen Pueblo-Indianer New Mexicos und die Hopi in Arizona, waren vor der Ankunft der Weißen wie ihre Ahnen Sammler und Bauern und lebten zurückgezogen in ihren Dörfern. Die Bezeichnung

Der Cliff Palace in Mesa Verde bot im 12. Jahrhundert etwa 250 Menschen Wohnraum. Die in den Boden eingelassenen runden Kivas waren kultische Versammlungsräume der Anasazi.

»hopituh« bedeutet »friedliches Volk«

- doch mit dem Frieden war es spätestens im Laufe des 16. Jahrhunderts vorbei: Es kamen nicht nur die Expeditionstrupps Coronados, sondern verstärkt wanderten auch Navajo und Apache aus Kanada ein. Die beiden nomadisierenden, kriegerischen Stämme überfielen mit ihren Beutezügen die Pueblos der Region. Apache ist vermutlich ein Zuni-Wort, das »Feind« bedeutet.

Der Schweizer Adolph F. Bandelier entdeckte 1880 die ausgedehnten Felswohnungen der Anasazi. 1916 wurde die Region zum Bandelier National Monument erklärt.

Pferde, ohne die das Klischeebild von Indianern nicht denkbar wäre, erhielten die Apache übrigens erst im 18. Jahrhundert von den Spaniern. Apache sind den Navajo verwandt, besitzen

Die Besucher von Taos Pueblo schauen nicht nur, sie kaufen auch: viele der Adobehäuser bieten indianisches Kunsthandwerk als Souvenirs.

eine ähnliche Sprache und verwandte Bräuche - soweit diese nach der generationenlangen verordneten Schulerziehung durch die Weißen erhalten geblieben sind. Indianisches Kunsthandwerk und Brauchtum wird inzwischen auch im Dienste des Tourismus gepflegt.

Töpferwaren, Türkisschmuck, Kachina-Puppen werden überall im Südwesten in Geschäften oder auch in Ständen am Straßenrand angeboten. Auch Sand paintings gehören wegen ihrer angenehmen Erdfarben und feinen rätselhaften Motiven zu den beliebten Souvenirs, die in

»Arts and Crafts« -Läden in allen Größen

angeboten werden. Die ursprünglich zeremoniellen Bilder wurden aus dem farbigen Sand des Painted Desert angefertigt. Sie mußten vor Sonnenaufgang begonnen und bei Einbruch der Nacht wieder zerstört werden. Die feinen Symbole und Muster wurden mit verschiedenfarbigem Sand gezeichnet, den die »Maler« zwischen Daumen und Zeigefinger hindurchrieseln ließen. Die einzelnen Farben haben symbolische Bedeutung, die traditionellen Motive und Muster, Menschen-, Tier- und Göttergestalten haben Ähnlichkeit mit den prähistorischen Felszeichnungen. Farben und Formen des Südwestens, das kräftige Rot der Felsen und ihr Kontrast zu dem leuchtend blauen Himmel und den satten Grüntönen der Vegetation, die sanften, erdfarbenen Adobehäuser haben auch die Malerin Georgia O'Keeffe inspiriert. Sie war wie zahlreiche andere Künstler in den zwanziger und dreißiger Jahren nach Taos gekommen, um sich dort niederzulassen, und begeisterte sich für die Canyon- und Flußlandschaften nordwestlich von Santa Fe. Die klaren, schnörkellosen Formen der Puebloarchitektur erhielten in ihren Bildern eine elementare Sinnlichkeit. Die anmutige Rundung und die reinen Linien der Häuser waren noch nie zuvor so eindrucksvoll Gegenstand eines Malers gewesen. Dies ist kein Zufall. In der Kunst Georgia O'Keeffes drückt sich ein neues amerikanisches Selbstverständnis aus. Sie hatte ihren Stil nicht bei der für Künstler ihrer Generation typischen Europareise entwickelt, sondern vor allem in den elementaren Landschaften New Mexicos. Georgia O'Keeffe bezog 1940 ihr Adobehaus im Indianerdorf Albiquiu, wo sie über vierzig Jahre lang lebte - sie starb 98jährig in Santa Fe. Wie tief sie mit dieser Landschaft verbunden war, zeigen die Porträts, die Ansel Adams im Laufe der langen Freundschaft von ihr machte. Ihr Gesicht wird mehr und mehr das einer Indianerin, zerfurcht wie die zerklüfteten Felsen, ausgetrocknet von der Sonne und zugleich von einer erhabenen Schönheit,

Indianischer Schmuck ist meist aus Türkisen und Silber gefertigt. Er wird in der Regel von Frauen in Heimarbeit hergestellt.

In den Reservaten, die den Status eigener Staaten besitzen, ist seit 1987 das Glücksspiel erlaubt. Seitdem betreiben Indianer mit wachsendem Erfolg Spielcasinos, die denen in Las Vegas und Reno Konkurrenz machen.

die jeden in ihren Bann zieht. Auch der Landschaftsfotograf Ansel Adams war von den Landschaften des Südwestens fasziniert. Seine Schwarzweiß-Bilder geben den Felsgebilden, Ruinen der Anasazi-Kultur oder der Pueblo-Architektur eine mythische Dimension, einen Eindruck von Ewigkeit. Nicht umsonst gehören gerade diese beiden Künstler zu den populärsten in den USA.

Die Missionskirche San Francisco de Asís und der Kirchhof sind von einer Adobemauer eingeschlossen.

Das 1615 von Spaniern gegründete Taos, nur wenige Meilen von dem etwa doppelt so alten Taos Pueblo entfernt, bezeichnet sich selbst als das Kunstzentrum des Südwestens, wozu es mit seinen mehr als 80 Kunstgalerien wohl guten Grund hat. Viele der heute rund 4000 Einwohner sind Künstler - oder halten sich dafür. Ein beliebtes Sujet der Maler, im übrigen auch von Georgia O'Keeffe, ist die Missionskirche San Francisco de Asís im benachbarten Ranchos de Taos. Der festungsartige Bau wurde Ende des 17. Jahrhunderts von Franziskanern und zusammen mit Puebloindianern errichtet.

Der besondere Reiz der Architektur und vieler Städte New Mexicos ist die Stilmischung und die indianisch-mexikanische Prägung, deren Formen und Materialien eine Einheit mit der Landschaft bilden. Albuquerque und Santa Fe wetteiferten lange um den Rang der wichtigsten Stadt New Mexicos. Daß Santa Fe die attraktivere Stadt ist, hat nie jemand bezweifelt, jetzt aber besitzt sie die Auszeichnung sogar Schwarz auf Weiß: die Washington Post hat sie in der Liste der lebenswertesten Städte der Welt auf Platz eins gesetzt. Außerdem ist sie eine der ältesten Städte der USA. Offizielles Gründungsjahr ist 1610. Der spanische Gouverneur Pedro de Peralta gründete Santa Fe an einem Nebenfluß des Rio Grande, dem Santa Fe River. In seinem Gefolge kamen auch Franziskanermönche. Die ersten Gebäude der Stadt, der Gouverneurspalast und die Kirche San Miguel, sind bis heute erhalten. Die Arbeiter waren selbstverständlich Indianer. Ihr Baustil prägt noch immer das Stadtbild Santa Fes. Entsprechend den strengen Bauvorschriften werden auch Neubauten konsequent im Adobe-Stil errichtet:

Santa Fe ist stolz darauf, mit dem Governor's Palace das älteste Gebäude der USA zu besitzen.

Supermärkte, Banken und die Villen

der reichen Anglos, die sich in den letzten Jahren verstärkt hier ansiedeln. Puebloindianer und Mexikaner stellen dennoch die Mehrheit der rund 60.000 Einwohner. Als Amtssprache konnte sich

Praktisch und umwelt-
bewußt: im Zentrum
von Santa Fe fährt die
Polizei auch mit dem
Fahrrad Streife.

denn auch neben dem Englischen das Spanische behaupten. Zu dem besonderen Flair der Stadt trägt vor allem die lebendige Kulturszene bei. Einige Tausend Künstler hat es hierher gezogen, die trotz der rund 100 Galerien selbstverständlich nicht alle von ihrer Kunst leben können. Wenn sich während der Urlaubssaison täglich bis zu 100.000 Besucher durch die Straßen der Altstadt wälzen, wirkt die Stadt allerdings eher wie ein Freilicht-museum - alles ist ein bißchen zu stilecht, um ganz wahr zu sein. Eine

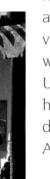

historische Altstadt hat das 90 Kilometer entfernte Albuquerque zwar auch, doch ist dessen Entwicklung seit der Gründung 1706 viel rasanter verlaufen als die Santa Fes. Grund dafür war die Lage am wichtigen Handels-weg nach Mexiko. Mit dem Bau der Eisenbahn 1880 wuchs die Stadt weiter. Um den Bahnhof, etwa drei Kilometer von der Altstadt entfernt, entstand das heutige Stadtzentrum. Einmalig auf der Welt ist das National Atomic Museum, das einzige Museum, das der Atombombe gewidmet ist. Nachbildungen der Atombomben

»Little Boy« und
»Fat Man«, die im August 1945 auf Hiroshima und Nagasaki

abgeworfen wurden, sind hier zu betrachten. Nur 160 Kilometer von Albu-querque, in Los Alamos, entstand innerhalb von drei Jahren die Bombe. Der

erste Testabwurf einer Atombombe in den USA fand in der Nähe der strahlend weißen Dünen von White Sands auf der Trinity Site statt: Der riesige Pilz der 21 Kilo-tonnen schweren Bombe war Hunderte von Meilen weit zu sehen. Erst 1963 wurden überirdische Atomtests auf den verschiedenen Testgeländen im Südwesten beendet.

Die Balloon Fiesta
in Albuquerque,
New Mexico.

Einmalig auf der Welt ist aber auch eine poetische Reminiszenz an die Frühzeit der Luftfahrt: Alljährlich im Oktober gehört der Himmel über Albuquerque der Balloon Fiesta. Über 600 Heißluftballons mit Ballonpiloten aus aller Welt liefern ein farbenprächtiges Spektakel. Neun Tage lang schweben die Phantasiegebilde am blauen Himmel im Tal des Rio Grande.

1,5 Millionen
Zuschauer zieht es
alljährlich zur
Balloon Fiesta nach
Albuquerque.

*Auch Skifahrer
kommen im Südwesten
auf ihre Kosten:
Im Telluride-Skigebiet
in Colorado locken
ausgedehnte Pisten.*

106

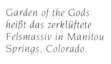

Fischer am Fall River
im Rocky Mountains
National Park.

Garden of the Gods
heißt das zerklüftete
Felsmassiv in Manitou
Springs, Colorado.

Weite Himmel und großartige Licht-stimmungen geben den Landschaften im Südwesten ihren besonderen Reiz: Shadow Mountain Lake bei Grand Lake, Colorado.

Das fast
2000 Meter hoch gele-
gene Städtchen
Durango wurde
1880 als Hauptdepot
der Denver & Rio
Grande Railway
gegründet.

Seite 110/111:
Die Anasazi-Felsen-
wohnungen Cliff
Palace im Mesa Verde
National Park wurden
erst im 19. Jahr-
hundert entdeckt.
Die überhängenden
Felsen schützten die
Lehmhäuser vor Wind
und Wetter.

Ein weiter Blick bietet
sich von Acoma Pueblo,
das wie ein Adlerhorst
über der Ebene thront.

Ghosttown Stein
in New Mexico.

Mitte:
Die Klapperschlange
gehört zu den
Ureinwohnern der
Trockengebiete des
amerikanischen
Westens. Manche
Arten werden bis zu
2,5 Meter lang.

112

Wie in anderen
Pueblos ist auch in
Acoma der Verkauf
von Kunsthandwerk
zu einer wichtigen
Einnahmequelle für
die Indianer geworden.

Erst mit dem Bau
der großen Eisenbahn-
linien konnten die
weißen Siedler die
Wüstenstaaten ganz
erschließen. Heute
verkehren auf den
Strecken überwiegend
Güterzüge.

113

Land der Pioniere und
Kulisse für »Western«

Der Wilde Westen liegt »westlich von Santa Fe« - wie eine beliebte Fernsehserie aus den 60er Jahren hieß. Erst in der zweiten Hälfte des letzten Jahrhunderts schob sich die »frontier«, die westliche Siedlungsgrenze der Weißen, in diese Regionen vor. Goldfunde am Gila-River im Jahr 1858 zogen Planwagenzüge mit Familien, aber auch zahlreiche Abenteurer in die Wüstengebiete des Südwestens. Die Eroberung des Landes, zunächst mit Wagentrecks, dann durch den Bau der Eisenbahn, der Kampf gegen unwirtliche Lebensbedingungen - dazu gehörten für viele Weiße auch die Indianer, die ihren Lebensraum gegen die Eindringlinge verteidigten - und der moralische Widerstreit »guter« bürgerlicher Ideale gegen skrupellose Gold- und Machtgier gaben Stoff für eine ganze Filmindustrie ab. Diesem Genre verdanken wohl die meisten von uns ihre ersten Eindrücke von den »desert states«.

Ein Saloon in der Allen Street in Tombstone feiert die Legenden des Westens, zu denen natürlich auch John Wayne (unten in dem Film ›Der schwarze Falke‹ von 1956) gehört.

Einer der Großmeister des Westerns, John Ford, entdeckte das Monument Valley als Kulisse für seine Filme und machte es zum Inbegriff der Westernlandschaft. 1946 schuf er mit »My Darling Clementine«, auf deutsch »Tombstone«, eine der großen Western-

legenden, »the town too tough to die«. Die Schießerei am O.K. Corral, bei der der Marshall Wyatt Earp und der Zahnarzt Doc Holliday mit den Clantons, einer Familie von Viehdieben, blutig abrechneten, wurde mehr als zwölf mal verfilmt - und die Stadt, die selbst zum Sterben zu »tough« ist, wurde dadurch

tatsächlich unsterblich. Daß bei John Ford der Sheriff von Tombstone bereits nach zweiminütigem Ritt der Felsendome des Monument Valley ansichtig wird, wo doch bei geographischer Faktentreue glatte 800 km zurückzulegen wären, ist dabei völlig nebensächlich.

Geisterstädte, in denen der hollywoodverdorbene USA-Tourist echte oder scheinbare Westernluft schnuppern kann, gibt es in Hülle und Fülle. Häufig waren sie nur 20 oder 30 Jahre lang von Goldsuchern und Minenarbeitern

Eine Attraktion in Tombstone ist das Nachspiel des Shootouts am O.K. Corral. Die Laienspieler ›The Vigilettes‹ zeigen dazu stilecht die Mode von 1880.

Pinos Altos
im Süden New Mexicos, entwickelte sich nach den Goldfunden 1860; die Minen wurden 1920 geschlossen. Heute kann man das rekonstruierte Opernhaus, einen Saloon und eine Mühle besichtigen.

Virginia City
die Heimat von Bonanza im Norden Nevadas, besaß in ihren besten Zeiten 110 Saloons und 50 Läden. Gegründet wurde sie 1859 während des Goldrush, 1878 begann ihr Niedergang; die Minen wurden 1942 geschlossen. Heute ist die Stadt eine boomende Touristenattraktion.

Jerome
die Geisterstadt, die sich als eine der größten der USA bezeichnet, verdankte ihr schnelles Anwachsen auf 15.000 Einwohner dem Kupferbergbau, der 1953 als Folge der Depression und verschiedener Erdrutsche an dem vom Bergbau ausgehöhlten Hügel eingestellt wurde. Jerome State Historic Park gibt einen Einblick in die Blütezeit Jeromes.

Rhyolite
im Süden Nevadas, gegründet 1900, ab 1907 wieder verlassen, besaß in seiner Blütezeit 6000 Einwohner, zwei Bahnhöfe und drei Zeitungen, mehrere Kirchen und ein Gefängnis. Heute sind nur Ruinen übrig.

bewohnt und wurden schnell wieder verlassen, wenn die Gold-, Silber- oder Erzvorkommen abgebaut waren. So manche »Ghosttown« ist als Filmkulisse wiederauferstanden oder feiert jetzt als Touristenmagnet ein Revival. Die Filmstadt Old Tucson zum Beispiel, entstand 1939 als Rekonstruktion des alten Tucson von 1860, das Columbia Pictures für den Film »Arizona« hochziehen ließ. Es wurde Schauplatz zahlreicher Western - »Rio Bravo« mit John Wayne, »Man nannte ihn Hombre« oder Fernsehserien wie »High Chaparral«. Heute werden dort kaum noch Kinofilme produziert - allenfalls Werbefilme.

Links: Die Western der 40er und 50er Jahre wurden mit wesentlich geringerem technischem Aufwand produziert als heute.
Rechts: Szenenfoto aus ›Tombstone‹ mit Linda Darnell und Henry Fonda, die Regie führte John Ford.

Santa Fe Railway -
heute ist im
Schienenverkehr fast
ausschließlich noch
der Gütertransport
von Bedeutung.

Oben:
Indianerskulptur
vor dem Fondahotel
in Santa Fe.

Wo heute
verdorrte Wüsten sind,
erstreckte sich noch
vor einigen Hundert
Jahren weites Grasland
auf dem riesige Büffel-
herden weideten.

Die Größe und Ausdehnung der Gipssanddünen von White Sands ist einmalig auf der Welt. Seit Jahrmillionen wird der Gips durch Regenwasser gelöst und zum Fuß der San Andres Mountains geschwemmt, wo das Wasser verdunstet und der Wind die Gipskristalle weiterträgt.

Seite 120/122: Die Architekten besinne sich wieder auf die traditionelle Adobe-Architektur, wie bei diesem Hotelneubau in Santa Fe.

Für viele beginnt eine Reise durch den Südwesten der USA im grünen, waldreichen Staat Colorado, im Rocky Mountain National Park.

Anasazi Heritage Center (CO)

Das in der Nähe von Cortez gelegene Informationszentrum ist eine der modernsten Einrichtungen dieser Art und gibt einen eindrucksvollen Einblick in Leben und Kultur der Anasazi-Indianer.

Arches Nationalpark (UT)

Das Gebiet mit über 200 roten Felsbögen und -brücken in der Nähe von Moab – die größte Ansammlung dieser Art auf der Welt – wurde 1921 unter Naturschutz gestellt und ist seit 1971 Nationalpark. Hier stößt man auf eines der meistfotografierten Motive des Südwestens: den nicht ganz leicht zugänglichen »Delicate Arch«.

Ein überraschender Anblick: die Great Sand Dunes in Colorado vor der schneebedeckten Kette der Rockies.

Rechts: Ein Bild, wie man es aus vielen Western kennt: das Monument Valley.

Aztec Ruins National Monument (NM)

Das vor mehr als 800 Jahren erbaute Pueblo der Anasazi war mit etwa 400 Bewohnern und ca. 500 Räumen eine der größten Pueblo-Städte. Die Siedler, die sie Ende des 19. Jh. entdeckten, nahmen fälschlicherweise an, sie stammte von den Azteken.

Neben einem Besuch im sehenswerten Museum gibt vor allem die Besichtigung der 11 freigelegten Räume und der Great Kiva einen Eindruck vom Leben der Puebloindianer.

Bryce Canyon (UT)

Wie Orgelpfeifen stehen die Kalksteinnadeln eines der spektakulärsten Naturwunder am Steilabhang des Hochplateaus aufgereiht. Vor 60 Millionen Jahren begannen die Erosionskräfte ihr Werk, das seit 1919 unter Naturschutz steht.

Canyon de Chelly (AZ)

Die vom Chinle Creek geformte atemberaubende Canyonlandschaft beherbergt neben Anasazi-Ruinen auch prähistorische Gräber und Felsmalereien. Der 244 m hohe Monolith »Spider Rock« zählt zu den spektakulärsten Landschaftsmotiven des amerikanischen Südwestens.

Canyonlands (UT)

Der kaum durch Straßen erschlossene Nationalpark ist mit 1300 Quadratkilometern einer der größten der USA.

Viele seiner wilden Erosionslandschaften, Felsnadeln, Bögen, Täler und Mesas sind nur per Jeep oder zu Fuß zu erreichen. Am eindrucksvollsten sind die Island in the Sky District, Maze District und Needles District.

Chaco Canyon Nationalmonument (NM)

Im seit dem 7. Jh. von Indianern besiedelten 13 km langen und 3 km breiten Canyon lebten in der Blütezeit des Pueblo (11.-12. Jh.) etwa 5000 Menschen. Man sollte sich einen Tag Zeit nehmen, um die einzigartige Architektur der Chacokultur zu studieren; ihre Wohnungen sind im Unterschied zu denen anderer Pueblostämme nicht in Felsüberhänge gebaut, sondern befinden sich in mehrstöckigen, aus Stein gebauten Häusern (das größte zu besichtigende enthält 800 Räume und bot 600 Menschen Platz).

Grand Canyon (AZ)

Die spektakulärste und größte Schlucht der Welt, vom Colorado und den Erosionskräften im Laufe von Jahrmillionen ins Colorado-Plateau eingeschnitten, ist für die meisten der

unbestrittene Höhepunkt einer USA-Reise. Über 300 km lang, 16 km breit und 1400 m tief ist dieses geologische Wunder, das man entlang des etwas höher gelegenen, rauheren Nordrandes oder von seinem Südrand aus erkunden kann, der über eine ausgedehnte touristische Infrastruktur verfügt – was manchmal das Naturerlebnis doch etwas beeinträchtigt.

Hopiland (AZ)

Die Hopi Indian Reservation, mitten im Gebiet der Navajo Reservation gelegen, umfaßt zehn Dörfer, die sich über drei Tafelberge verteilen: First, Second und Third Mesa, in denen das Leben der Hopi sich noch weitgehend an den alten Traditionen orientiert. Das Tribal Office in Kykotsmovi gibt Auskunft darüber, welche Dörfer besucht werden können.

Hovenweep National Monument (UT)

Die Ruinen der um 1150 von den Anasazi errichteten Steintürme machen den eigentümlichen Reiz dieser Stätte an der Grenze zwischen Utah und Colorado aus. Noch immer ist unklar, ob die gewaltigen Türme der Verteidigung, kultischen Zwecken oder der Vorratshaltung gedient haben. Warum diese Siedlung um 1300 von ihren Bewohnern verlassen wurde, ist eines der ungelösten Rätsel um die Anasazi.

Lake Powell (UT/AZ)

Vor 1964 befand sich an der Stelle des 300 km langen Sees eine großartige Canyonlandschaft. Der Colorado wurde durch den Bau des Glen-Canyon-Damms zum wichtigen Süßwasser- und Elektrizitätslieferanten im Südwesten. Rasch entstanden entlang der Seeufer Ferien- und Erholungszentren. Die Stadt Page, 1960 zur Versorgung der

Unterschiedliche Lichtstimmungen lassen die Felsen des Painted Desert in vielfältigen Farben leuchten.

Dammbauer gegründet, ist ein beliebtes Etappenziel für Reisende im Südwesten. Die Rainbow Bridge, mit 92 Metern höchster Felsbogen der Welt, kann mit einem der zahlreichen Ausflugsschiffe besucht werden.

Eine grandiose Kulisse für eine Hochzeit: der Oak Creek Canyon bei Sedona.

Es braucht nicht viel Phantasie, um in dieser Figur einen Engel zu sehen: Angel Arch im Canyonlands National Park.

Bizarre Sandstein-formationen und Petroglyphen der Anasazi und Paiute sind die Attraktionen des Valley of Fire State Park in Nevada.

Mesa Verde (CO)

Auf dem bewaldeten Tafelberg befinden sich mehrere große Felsen-wohnanlagen der Anasazi-Indianer, die mit Führern besichtigt werden können. Das Archäologische Museum dokumentiert mit zahlreichen Expo-naten und Rekonstruk-tionen die Lebens-weise in den vor ca. 700 Jahren erbau-ten Siedlungen.

Montezuma Castle National Monument (AZ)

Die ca. 600 Jahre alten Felsenwohnungen des Sinagua-Stammes erhielten ihren Namen von den ersten weißen Siedlern, die sie für aztekische Ruinen hielten. Die hoch in den Fels gebauten Wohnungen sind zwar nicht mehr zu besichti-gen, doch erhält man im Visitor Center eine ausgezeichnete Ein-führung in das einstige Leben ihrer Bewohner.

Monument Valley (AZ/UT)

Die berühmtesten Ansichten aus dem Südwesten der USA stammen aus dem Monument Valley. In dem von den Navajo-Indianern verwalteten, ca. 12.000 ha großen Monument Valley

Tribal Park fährt man auf Sandpisten durch die Western- Land-schaft mit ihren Tafel-bergen und Mono-lithen.

Petrified Forest Nationalpark (AZ)

Der Park besteht aus zwei unterschiedlichen Regionen: dem »Painted Desert« im Norden, eine durch verschiedenfarbige Gesteinsschichten geprägte Wüstenland-schaft, und dem Rain-bow Forest, mit zahl-reichen versteinerten Baumstümpfen und -stämmen – der längste etwa 30 m lang, die dem Park seinen Namen gaben.

Saguaro National Monument (AZ)

Vor der Kulisse der Rincon Mountains im Sonoran Desert erstreckt sich ein Kakteenwald mit z. T. über 12 m hohen und 200 Jahre alten Saguaro-Kakteen. Nach dem Besuch der Ausstellung über die Pflanzenwelt der Wüstenregion, ins-besondere der selte-nen Kakteenarten, führt der Cactus Forest Drive zu den spekta-kulären Saguaros.

Shiprock (NM)

Der heilige Fels der Navajo erhebt sich 500 m über der Ebene und ist weithin sicht-bar. Das harte Basalt-gestein, Überrest der Spitze eines Vulkan-kegels, darf nicht betreten werden.

Sunset Crater (NM)

Seinen Namen ver-dankt der 300 m hohe Kegel den bei Sonnen-untergang rot erglühen-den Vulkanschlacken. Ausführliche Informa-tionen über die gewalti-ge Eruption im Jahr 1065 und den Vulkanismus im allgemeinen erhält man im Visitors Center; sie ersetzen jedoch nicht die praktische Anschauung auf der Wanderung entlang des Lava Flow Trails zum Fuß des Kraters.

Walnut Canyon (NM)

In diesem landschaft-lich reizvollen Canyon siedelten sich vor etwa 1000 Jahren Sinagua-Indianer an und erbauten Felsklippen-wohnungen, die der Besucher aus der Nähe betrachten kann, wenn er dem Island Trail folgt. Die Ausstellung im Visitors Center gibt anhand zahlreicher Exponate einen guten Einblick in das Alltags-leben dieses Stammes.

meter – einmalig auf der Erde. Im Museum wird die geologische Entwicklung von White Sands seit ihrem Beginn vor 70 Millio-nen Jahren anschau-lich erläutert.

Zion Nationalpark (UT)

Das enge tiefe Flußtal mit seinen bewaldeten Höhen und roten Fels-wänden bietet reizvol-le Wandermöglichkei-ten. Geologisch interessant ist vor

Der erste Schnee verleiht dem Bryce Canyon etwas Verwunschenes: Morgenstimmung am Sunrise Point.

White Sands Nationalmonument (AZ)

Das Dünengebiet mit den strahlend weißen Gipssanddünen ist in dieser Ausdehnung – fast 600 Quadratkilo-

allem der Ostteil des Parks, wo sich viel-fältige ungewöhnliche Gesteinsformationen (schachbrettartige Felswände, fließende Gesteinsformen, Fels-bögen) befinden.

Wo sich jetzt der Lake Powell ausdehnt befanden sich noch vor 50 Jahren zauberhafte Canyonlandschaften.

Im Visitor Center der Church of Latter Day Saints in Salt Lake City sind auch nicht-mormonische Besucher willkommen.

Viele alte Forts sind zu Museen umgestaltet und geben einen Eindruck von der Zeit, als der Westen noch wild war: Bents Old Fort National Historic Site, Colorado.

Rechts:
Der Antelope Canyon mit seinen farbenprächtigen Felswänden liegt in der Nähe des Lake Powell.

Vor 280-
400 Millionen Jahren
Ein Meer bedeckt den heutigen Südwesten.

Vor 65 Millionen Jahren
Auffaltung der Rocky Mountains und Anhebung der Gesteinsschichten des Grand Canyon-Gebiets.

Vor 15.000 -
10.000 Jahren
Prähistorische Volksstämme wandern über die Bering-Straße nach Nordamerika ein.

700 v.Chr.
Die Anasazi kommen in die Region des Südwestens, als erste seßhafte Kultur errichten sie die heute noch erhaltenen Felswohnungen (Cliff Dwellings); Entstehung von Mesa Verde ab dem 9. Jahrhundert n.Chr.

1000-1300
Blütezeit der Anasazi-Kultur.

1492
Zur Zeit der Entdeckung Amerikas leben in Nordamerika etwa 2 Millionen Indianer in 250 Stämmen.

1512
Beginn der Versklavung der Indianer durch die Spanier.

1539
Als erster Weißer erkundet der spanische Mönch Marcos de Niza mit seinem Sklaven Estéban den Südwesten, auf der Suche nach den sagenhaften Goldenen Städten von Cibola.

1540
Francisco Vasquez de Coronado und seine 1350 Mann unternehmen eine Expedition durch den Südwesten. Eine kleine Gruppe seiner Leute unter der Führung von Hopi entdecken als erste Weiße den Grand Canyon.

17. Jahrhundert
Aus dem spanischen Mexiko kommende Franziskaner und Jesuiten gründen erste Missionsstationen.

1610
Gründung von Villa Real de Santa Fe de San Francisco de Asís, des heutigen Santa Fe. Von hier aus wurde zuerst das spanische Königreich Nuevo Mexico, später der mexikanische Norden regiert.

1680
Der Pueblo-Aufstand, mit dem sich Indianerstämme gemeinsam gegen Zwangschristianisierung und Willkürherrschaft der Spanier wehren, endet mit der Belagerung Santa Fes und der Vertreibung der verbliebenen 1000 Spanier.

1692
Die Spanier erobern Santa Fe zurück.

1776
Die spanischen Patres Escalante und Dominguez begründen den Old Spanish Trail, der zu einem wichtigen Handelsweg zwischen Mexiko und Utah wird.

1821
Mexiko erlangt die Unabhängigkeit von Spanien und erhält damit die Herrschaft über dessen ehemalige Kolonien im Südwesten.

1830-36
George Catlin bereist den Südwesten, es entsteht eine einzigartige Porträtserie der Indianer.

1830
Gründung der »Church of Latter-Day-Saints« durch Joseph Smith.

Ab 1847
Einwanderung zahlreicher Mormonen nach Utah unter der Führung von Brigham Young.

1843-1845
John C. Frémont leitet zwei Expeditionen durch Utah.

1846 - 48
Amerikanisch-mexikanischer Krieg; im Friedensvertrag von Guadalupe Hidalgo werden die heutigen Staaten des Südwestens den USA zugesprochen.

1848
In Kalifornien wird Gold gefunden.

1851
Die Regierung beschließt, Indianer in Reservate umzusiedeln (Indian Appropriation Act).

1858
Gründung einer Postkutschenlinie zwischen El Paso und Los Angeles.

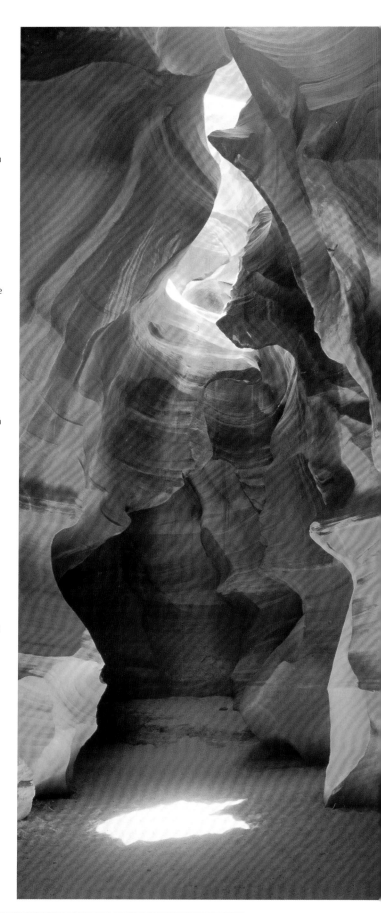

Die Akustik im
Sun's Eye ist großartig,
wie Walt, einer der
Führer im Monument
Valley demonstriert.

Das Heard Museum in
Phoenix zeigt anhand
von mehr als 75.000
Ausstellungsstücken das
Leben der Indianer-
völker im Südwesten.

1864
Nevada wird als
36. Staat in die
Union aufgenommen.
Feldzug der verbrann-
ten Erde. Im soge-
nannten Langen
Marsch werden die
Navajo nach Fort
Sumner deportiert.

1868
Nach der Aufgabe
ihres Widerstands
gegen die US-Armee
wird den Navajo ihr
angestammtes Gebiet
als Reservat zu-
gewiesen.

1869
Die Gleise der ersten
transkontinentalen

Eisenbahn treffen
sich bei Promontory
in Nordutah.
Erste Grand-Canyon-
Expedition John
Wesley Powells.

1871
Zweite Grand-Canyon-
Expedition Powells,
mit dem Auftrag,
die Region zu karto-
graphieren.

1883
William Cody, alias
Buffalo Bill, beginnt
mit seinen Wildwest-
shows, in denen auch
Indianer auftreten.

1886
Der Apachehäuptling
Geronimo kapituliert
nach 5jährigen
Kämpfen; Ende der
Indianerkriege.

1896
Utah wird 45. Staat
der USA.

1908
Gründung des Grand
Canyon National Parks
am Südrand des Grand
Canyon.

1912
New Mexico und
Arizona werden als
47. und 48. Staat
Teile der USA.

1922
Die Pueblo-Indianer
New Mexicos
opponieren gegen
die fortschreitende
weiße Besiedlung.

1931
Legalisierung
des Glücksspiels
in Nevada.

1936
Fertigstellung des
Hoover-Staudamms
und Entstehung des
Lake Mead.

1945
Bau und Zündung der
ersten Atombombe bei
Alamogordo.

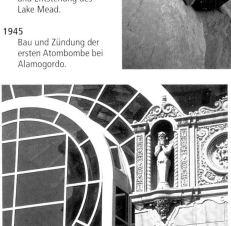

1964
Fertigstellung des
Glen-Canyon-Damms
und Entstehung des
Lake Powell.

1968
Erst jetzt billigt der
Oberste Gerichtshof
der Vereinigten Staa-
ten auch den Indianern
die Grundrechte zu.

1970
Robert Smithson baut
eines der berühmtesten
Werke der Land Art:
die „Spiral Jetty"
im Großen Salzsee bei
Salt Lake City, eine
45 Meter lange und
4,5 Meter breite
Spirale aus Stein.

1974
Den Indianerstämmen
wird durch ein Gesetz
eine Entschädigung für
enteignetes Land
zugesprochen.

1975
Die Selbstverwaltung
der Indianer-Reservate
wird im „Self-Determi-
nation and Education
Assistance Act" festge-
schrieben.

1991
Start des Experiments
Biosphäre II: Acht
Forscher lassen sich für
zwei Jahre in einem
Treibhaus in der Wüste

von Arizona einschlies-
sen, um die Vielfalt des
Lebens auf der Erde
unter Laborbedingun-
gen zu simulieren.

1993
Durch ein Moratorium
werden die unterirdi-
schen Atomtests auf
den Testgeländen
Frenchman Flat und
Yucca Flat in Nevada

ausgesetzt. Bis dahin
haben etwa 900 Tests
stattgefunden.

Links:
Die erste Bank, die
Butch Cassidy überfallen
hat, steht noch heute: in
Telluride, Colorado.

Mitte:
Neu und ganz neu:
Architektur in Phoenix.

**Cowboys brauchen sich
um Nachwuchs keine
Sorgen zu machen:
Westernstyle ist groß
in Mode.**

Links unten:
Das Grab des Revolver-
helden und Viehdiebs
Billy the Kid in Fort
Sumner, New Mexico,
wo er von Sheriff
Garrett 1881
erschossen wurde.

Textseite   Bildseite

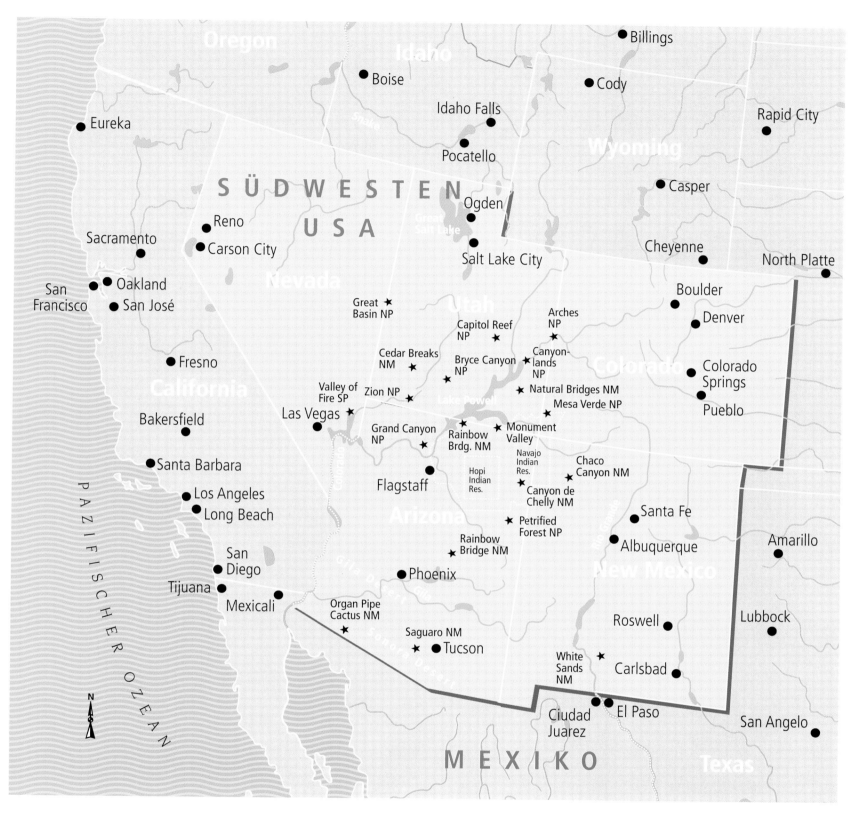

Impressum

LOOK – Die Bildagentur der Fotografen

ist ein Zusammenschluß von derzeit 20 renommierten
Fotografen. Erst vor wenigen Jahren gegründet, zählt die
Fotografengemeinschaft aufgrund ihres anspruchsvollen
Bildangebotes mittlerweile zu einer der führenden
Agenturen in Deutschland.
So vielseitig wie die Fotografen sind auch ihre Themen
(Reise, Sport, Wildlife, Reportage, Mode, etc.) und deren
fotografische Umsetzung.

Die an der **LOOK/Stürtz-Bildbandreihe** beteiligten
Fotografen zählen zu den besten in ihrem Metier.
Lange Reisen in die jeweiligen Länder oder Städte sind
Garant für stimmungsvolle Landschafts- und Architektur-
aufnahmen und bieten einen umfassenden Einblick in
die kulturellen Besonderheiten.

LOOK – Die Bildagentur der Fotografen

Kapuzinerstraße 9 D
80337 München
Tel. 089 / 544 233 - 0
Fax 089 / 544 233 - 22

Bildnachweis

Archiv für Kunst und Geschichte, Berlin:
S. 28 links, S. 28 rechts oben, S. 28 rechts Mitte,
S. 28 rechts unten, S. 29 rechts oben, S. 29 Mitte,
S. 29 links unten, S, 62/63 Hintergrund, S. 62 links,
S. 62 rechts oben, S. 62 rechts Mitte, S. 63 oben,
S. 114 links unten, S. 115 oben, S. 115 links unten,
S. 115 rechts unten.

Verlagsarchiv:
S. 29 links oben.

LOOK GmbH, München
S. 9 oben, S. 13, S. 14/15, S. 24 oben, S. 36 links, S. 42 oben,
S. 43 oben, S. 44/45, S. 56 oben, S. 56/57 Hintergrund,
S. 69 rechts Mitte, S. 74 oben, S. 74 unten, S. 77 rechts oben,
S. 77 rechts unten, S. 78 links, S. 79 rechts unten, S. 84/85,
S. 87 oben, S. 88 rechts Mitte, S. 88 rechts unten, S. 89 unten,
S. 91 oben, S. 91 Mitte, S. 91 rechts unten, S. 94 rechts oben,
S. 94 unten, S. 101 links oben, S. 101 links unten,
S. 101 rechts oben, S. 102 links, S. 102 rechts, S. 103,
S. 104 links, S. 107 oben, S. 107 unten, S. 108 unten,
S. 109 oben, S. 112 rechts unten, S. 117, S. 122 links oben,
S. 122 links Mitte, S. 123 links unten, S. 123 rechts unten,
S. 124 links unten, S. 125 links oben.

Hauke Dressler: S. 8, S. 9 unten, S. 10, S. 11 unten,
S. 12 links oben, S. 12 rechts Mitte, S. 12 rechts unten,
S. 16 oben, S. 16 unten, S. 19 oben, S. 19 unten,
S. 25 unten, S. 30, S. 33 oben, S. 33 unten, S. 39 links,
S. 39 rechts, S. 40 links oben, S. 40 links unten, S. 43 unten,
S. 46 links oben, S. 46 links unten, S. 47 rechts oben,
S. 48/49, S. 58 oben, S. 59 oben, S. 72/73, S. 75 rechts, S. 76,
S. 80 oben, S. 80 unten, S. 81 links oben, S. 81 rechts oben,
S. 81 rechts Mitte, S. 81 rechts unten, S. 82 links oben,
S. 82 links unten, S. 82 rechts unten, S. 83 oben,
S. 83 links unten, S. 83 rechts unten, S. 86 oben,
S. 86 unten, S. 87 unten, S. 88/89 Hintergrund, S. 88 links,
S. 88 rechts oben, S. 89 oben, S. 89 Mitte, S. 92/93, S. 96,
S. 97 unten, S. 104 rechts, S. 105 rechts oben,
S. 108/109 Hintergrund, S. 112 oben, S. 112 links unten,
S. 113 oben, S. 113 rechts unten, S. 114/115 Hintergrund,
S. 114 links oben, S. 114 rechts oben, S. 114 rechts Mitte,
S. 114 rechts unten, S. 116 oben, S. 116 links unten,
S. 118 oben, S. 118 unten, S. 119, S. 120/121,
S. 122 rechts oben, S. 123 rechts oben, S. 125 links unten.

Heinz Endler: S. 34/35, S. 57 unten, S. 78 rechts, Rücktitel.

Jan Greune: Titelbild, S. 1, S. 2/3, S. 6/7, S. 11 oben,
S. 20 oben, S. 20 Mitte, S. 20 unten, S. 21, S. 22/23,
S. 24 unten, S. 25 oben, S. 26 oben, S. 26 unten,
S. 27 oben links, S. 27 oben rechts, S. 27 rechts Mitte,
S. 27 rechts unten, S. 28/29 Hintergrund, S. 29 rechts oben,
S. 31 oben, S. 46 rechts oben, S. 47 rechts unten,
S. 55 oben, S. 55 unten, S. 62 rechts unten, S. 63 rechts unten,
S. 64, S. 65 links oben, S. 65 rechts oben, S. 66, S. 67 oben,
S. 67 unten, S. 68 oben, S. 68 unten, S. 69 links oben,
S. 69 rechts oben, S. 70, S. 71, S. 77 links, S. 79 rechts oben,

S. 94 links oben, S. 95 links oben, S. 95 rechts oben,
S. 95 rechts 2. Abb. von oben, S. 95 rechts 3. Abb. von oben,
S. 95 rechts unten, S. 97 oben, S. 124 links oben,
S. 125 rechts oben, S. 125 rechts Mitte, S. 125 rechts unten.

Karl Johaentges: S. 17, S. 40 rechts unten, S. 98/99,
S. 105 rechts unten.

Rainer Martini: S. 18, S. 31 unten, S. 38 rechts, S. 52/53,
S. 58 Mitte, S. 58/59, S. 91 links unten, S. 106,
S. 108/109 Hintergrund, S. 110/111, S. 122 links unten,
S. 123 links Mitte, S. 125 links Mitte.

Florian Werner: S. 32, S. 36 rechts, S. 38 links,
S. 40 rechts oben, S. 41 rechts, S. 42 unten, S.46 rechts unten,
S. 50 oben, S. 50 unten, S. 51 links oben, S. 51 rechts oben,
S. 51 rechts 2. Abb. von oben, S. 51 rechts 3. Abb. von oben,
S. 51 rechts unten, S. 54, S. 60/61, S. 90, S. 123 links oben,
S. 124 rechts.

Buchgestaltung

Matthias Kneusslin, hoyerdesign, Freiburg

Karte

grafis, Dortmund

Die Deutsche Bibliothek - CIP-Einheitsaufnahme

USA - Südwesten / Autor: Monika Schlitzer.
Fotogr.: Fotografenteam Look. - Würzburg: Stürtz, 1996
ISBN 3-8003-0780-4
NE: Schlitzer, Monika; Look <München>

© 1996 Stürtz Verlag GmbH, Würzburg
© Fotos: Agentur LOOK, München

Repro: Rete GmbH, Freiburg
Druck und Verarbeitung:
Universitätsdruckerei H. Stürtz AG, Würzburg
ISBN 3-8003-0780-4